De mãos dadas

CLÁUDIO THEBAS E
ALEXANDRE COIMBRA AMARAL

De mãos dadas

Um palhaço e um psicólogo conversam sobre a coragem de viver o luto e as belezas que nascem da despedida

PAIDÓS

Copyright © Cláudio Thebas, 2022
Copyright © Alexandre Coimbra, 2022
Copyright © Editora Planeta do Brasil, 2022
Todos os direitos reservados.

Preparação: Ligia Alves
Revisão: Caroline Silva e Leticia Tèofilo
Projeto gráfico e diagramação: Maria Beatriz Rosa
Capa: Helena Hennemann | Foresti Design

Dados Internacionais de Catalogação na Publicação (CIP)
Angélica Ilacqua CRB-8/7057

Thebas, Cláudio
    De mãos dadas: um palhaço e um psicólogo conversam sobre a coragem de viver o luto e as belezas que nascem da despedida / Alexandre Coimbra Amaral, Cláudio Thebas. – São Paulo: Planeta, 2022.
    208 p.: il.

ISBN 978-65-5535-729-5

1. Luto 2. Morte I. Título II. Thebas, Cláudio

22-1632   CDD 393.9

Índice para catálogo sistemático:
1. Luto

Ao escolher este livro, você está apoiando o manejo responsável das florestas do mundo

2022
Todos os direitos desta edição reservados à
Editora Planeta do Brasil Ltda.
Rua Bela Cintra, 986, 4º andar – Consolação
São Paulo – SP – CEP 01415-002
www.planetadelivros.com.br
faleconosco@editoraplaneta.com.br

Este livro é dedicado à minha sobrinha Samantha,
à minha filha Luiza e ao meu filho Raphael.

Por todo o amor que a Ig tinha por vocês e vocês por ela.

Pelo imenso cuidado que vocês tiveram
comigo nessa despedida.

Por termos vivido tão próximos
e tão intensamente essa jornada.

— *Cláudio*

Dedico este livro à memória do meu amigo e compadre Fernando, que esteve de mãos dadas com a Ana Paula desde que se viram pela primeira vez até quando a última cena se descortinou entre eles, num certo dia de janeiro.

Para a Ana Paula, amiga amada que me ensina a viver em tantas dimensões e é mesmo uma das mais belas partes de mim, que tem minhas mãos disponíveis para a travessia deste luto, da saudade e da vida que existirá apesar e além da falta tamanha.

Dedico também à memória de Vovó Martha e Tia Dilma, irmãs que se ampararam ao longo das nove décadas de existência íntima e de intenso amor fraterno, e que partiram no mesmo dia, em cidades diferentes, de mãos dadas com o mistério da vida e da morte.

— *Alexandre*

Prefácio

Este é um livro corajoso e delicado. Em vários momentos me flagrei sorrindo diante das minhas lágrimas. Isso porque cada texto tem profundidade e beleza. Cláudio e Alexandre exalam amizade, cumplicidade e parceria para abordar um tema tão óbvio e ao mesmo tempo tão raro: a morte e o luto.

Eu me senti amigo deles e abraçado por eles. As páginas deste livro provocam encontros de alma. Confesso a vocês: tenho certo medo da morte. Tenho mais medo ainda de perder pessoas que amo, especialmente a minha mãe. Ela está viva, é a maior referência de carinho e de amor da minha vida. Não consigo imaginar o mundo sem a presença dela.

Um dia retornava de viagem no banco de trás do carro. Minha mãe estava no banco da frente, o do carona. Em determinado momento, minha mãe esticou o braço para segurar naquelas barras de apoio que ficam em cima da janela. Então percebi algo muito simples: seu braço estava mais enrugadinho, expressando o processo natural de envelhecimento de sua pele. Nada demais, não é? Constatação um tanto óbvia. Afinal, minha mãe tem sessenta e sete anos. Mas aquela imagem me tocou e eu comecei a chorar. Não queria que minha mãe envelhecesse. Não queria ver o tempo passar para ela. Senti uma precipitação de perda.

Essa é uma das razões pelas quais ler este livro serviu para mim como um carinho no coração. Cláudio relata em várias cartas o significado da perda de sua mãe. Alexandre acompanha cada passo com silêncio respeitoso, ternura e reverência. Ao descobrir qual era o tema do livro, senti certo medo, confesso. Depois que comecei a ler, não consegui parar, reconheço. Cláudio e Alexandre respeitam a dor e encaram com integridade o desafio da perda, da ruptura, da ausência de resposta e da saudade. Não há anestesia ou resposta fácil. E desse lugar tão tipicamente humano eles conseguem extrair e reconhecer beleza, poesia e sensibilidade.

Ao ler cada página, fui sendo levado a acolher meus medos, conversar com minhas fraquezas, respeitar a minha dor e amar mais radicalmente a vida e todas as vidas que me cercam. Sim, este é um livro que nos ajuda a sacralizar as pessoas, as relações, os encontros e o cotidiano da experiência humana. Fui tomado por uma vontade mais intensa e generosa de viver à medida que acolhia a inevitabilidade do morrer. Na fraqueza, eu me senti forte. Na lágrima, pude gargalhar. Na ausência de resposta, pude agradecer. Eu me senti mais leve desprovido de ilusão.

Convido você a viver essa experiência. Aproximar-se do coração artístico do Cláudio e da mente generosa do Alexandre. Deixar-se tocar por aquilo que é tão grandemente humano. Este livro tem esta singela capacidade: sacralizar a vida, despertar a urgência do amor, engravidar o presente de esperança e, assim, ofertar o devido respeito às dores e às fragilidades que nos marcam e nos constituem.

A dor é solo sagrado que exige respeito e carinho! Este livro abraçará seu coração!

Um fraterno abraço!

Henrique Vieira
pastor, escritor, professor, cientista social,
palhaço, ator e historiador

1

Hoje faz dois meses e meio que minha mãe morreu.

Não é conta exata. Não fico toda hora olhando pro calendário, mas sinceramente tenho a impressão de que ele não para de olhar pra mim: "Passou um dia, uma semana, já faz um mês... dois meses e meio".

Tenho tentado escutar essa voz como boa conselheira e viver uma saudade de cada vez. A saudade nossa de cada dia. Isso me sereniza e torna sobreviver mais possível. Mas infelizmente eu nem sempre consigo e, quando vejo, fui abocanhado por uma saudade grande demais pra suportar: a saudade da vida toda que vou ter sem ela, como se todo o futuro acontecesse naquele instante. Quando isso acontece, me desespero, fico sem ar, afogado num mar de aflição.

Mas hoje faz dois meses e meio que minha mãe morreu. Aos poucos estou aprendendo a lidar com o mar revolto. Faz algum tempo eu li que os surfistas de ondas gigantes, quando caem, não lutam contra a força da natureza. Sabem que seria inútil. São treinados para suportar até quatro minutos embaixo d'água. Apenas se concentram no seu corpo e literalmente contam os segundos enquanto esperam o turbilhão passar. Não sei quanto tempo eu consigo sobreviver submerso quando a onda do desespero me alcança, mas por instinto, como os surfistas, também me concentro nos segundos, no instante presente, na minha respiração e, essencialmente, na voz do calendário. Hoje faz dois meses e meio que minha mãe morreu. E hoje não são dois meses e meio. Também não é todo o futuro. Hoje é só, e dolorosamente, hoje.

1

A morte é mesmo essa alquimista crua, que transforma o para sempre em nunca mais. É uma força da natureza sem cerimônia, como uma onda gigantesca que asfixia a esperança por momentos muitas vezes superiores a quatro minutos. Quando ela chega, os minutos passam a ser caldos sucessivos, em que a areia da ampulheta se mistura às águas salgadas das nossas lágrimas desesperadas. As piruetas que damos em torno de nosso próprio desalento não estão em picadeiro algum, a não ser na alma que quer desacreditar da ausência que, a partir de agora, se fará presente na eternidade.

Não somos passivos, entretanto. O tempo do primeiro maremoto não é longevo o suficiente para aniquilar a esperança de voltar a viver depois da morte de alguém que se ama tanto. Os abraços, essa saudade pandêmica sem precedentes que escancara uma perda não de pessoas, mas de experiências vividas com elas, são um pedaço da praia em que recostamos o corpo dilacerado pela dor do luto. Ao abraçar alguém, um enlutado comunica no silêncio aquilo que ainda não se pode verbalizar.

A morte pede longos silêncios e choros em voz alta, gritos quiçá, que comuniquem sem máscara alguma o perímetro do vazio absurdo que se vê como pôr do sol. Abraçar não é consolar, porque morrer é ato definitivo demais para receber o consolo vindo de fora. Nenhum enlutado quer escutar palavras de alento; ele quer receber a companhia sincera na dor, quer a escuta atenta e ativa de uma dor sem nome e desproporcional a tudo o que já se considerou vívido. Melhor nada dizer do que ofertar palavras que diminuam o tamanho da ferida exposta, como se fácil fosse esquecer alguém que se ama tanto.

A saudade é uma estrada de ladrilhos amarelos, em que somos ao mesmo tempo um homem de lata com o coração devastado, um leão que quer acreditar que tem coragem para atravessar tamanha sombra e um espantalho que sonha conseguir pensar num cérebro novo, porque o outro se inundou de pura desilusão. Com a saudade vamos de mãos dadas, suspirando como uma menina de laço de fita que não sabe o que vai encontrar diante de si.

Saudade é sinônimo de surpresa, porque invade a tranquilidade e traz o desassossego quando menos a esperamos. Basta um pensamento, uma cena relembrada, uma fala que atravessa o coração como flecha que não se compadece da dor e só faz lembrar a falta avassaladora. Sentir saudade é viver de novo, é dizer olá novamente, é rebrotar sementes de presença. Elaborar o luto não é esquecer, e nem poderia ser: neste caso estaríamos fazendo uma cerimônia desonrosa com a história de amor que se viveu. Enlutar-se é amar ao avesso, é viver o encontro no mais profundo desencontro e na suprema lacuna de qualquer comparecimento de quem se perdeu. É na saudade que se chora, é na saudade que se enraivece da vida, de Deus, de quem se foi, do mundo cruel. Mas é também somente nela o único ponto de reencontro com aquele que se foi. Para se reencontrar, há que arriscar sentir o caldo da onda reverberando outra vez, fazendo os sentimentos girarem em uma pirueta aparentemente interminável, por ser de lá, da beira da intensidade.

A morte nos recorda como alguém pôde ser tão vivo. Relembramos o melhor amor que a pessoa teve pelo simples ato de existir. Sofremos ao sentir a terminalidade intransponível, tão contraditória com a pulsão de vida de quem se foi. O luto é a narrativa sobre a vida, é a reinvenção contada da vida de quem se foi e da de quem fica ímpar. Não há luto sem palavra, embora tantas vezes nos faltem vocábulos que representem nossos abismos. Mas a força do amor é tão visceral que os intestinos de nossas perdas são os reais construtores das letras que formam palavras que dão contorno aos sentimentos. É bom saber que a vida não desiste de palavrear, da mesma forma que o palhaço não desiste de gargalhar, ainda que amparado pela lágrima de um amigo que se faz o aplauso de seu tão respeitável público.

2

Se existisse um medidor de empatia, tipo um empatiômetro, o ponteiro do aparelho não teria saído do zero sempre que a minha mãe puxava o assunto morte. Ou eu despistava e mudava de assunto, ou lascava um "depois a gente fala disso", ou cortava a sua fala de forma bem "delicada e gentil": "Para, mãe, que saco! Toda hora você fala disso, que coisa!". Durante anos, por exemplo, eu simplesmente me recusei a atender ao insistente pedido dela para que tivéssemos uma conta conjunta, "porque, se me acontecer alguma coisa, você pode tomar as providências necessárias". Como forma de amenizar a minha falta de acolhimento e escuta, eu costumava revestir a irritação com o verniz do altruísmo, proferindo frases edificantes e motivadoras: "Você está forte, lúcida, bem de saúde... Vamos falar da vida, de decorar a sua casa, pintar as paredes, trocar os tapetes".

Sim, ela realmente manifestava esses desejos, mas, se a gente pensar bem, decorar a casa, pintar paredes e trocar tapetes são planos para o futuro, e, bem... quando se tem quase noventa anos é inevitável pensar no futuro sem pensar também na morte. É verdade que fazia tempo que minha mãe falava da decoração, mas também fazia tempo que ela pedia para falarmos das providências *para antes e depois da sua partida. Para uma mulher que a vida toda lutou por independência e autonomia, era insuportável se imaginar morrer deixando pendências ou despesas que não pudessem ser pagas com o seu próprio dinheiro. Ela nunca quis "dar trabalho" em vida, não haveria de suportar nos "dar trabalho" após a morte.*

Por muito tempo nós levamos a coisa assim: minha mãe precisando falar, e eu tentando evitar. Uma coreografia de aproximação e afastamento, ataque e defesa, uma arte marcial. Um dia, no entanto, quando ela novamente tocou no assunto, eu me fragilizei instantaneamente sem que a tradicional bateria antipapo-sobre--morte tivesse tempo para agir. Fui tomado de emoção e de uma indisfarçável vontade de chorar que fez meu rosto tremer no esforço inútil de segurar as lágrimas. Hoje, muitos anos depois, acredito que isso aconteceu porque eu provavelmente estava percebendo nela uma fragilidade física que encurtava a distância entre o discurso sobre a morte e a sua morte concretamente. Assolado pela vulnerabilidade repentina, me peguei dizendo aos borbotões o quanto era difícil para mim falar daquele assunto. O quanto era difícil imaginar uma vida sem ela, o quanto eu fugia do tema não por não querer acolhê-la, mas por não conseguir dar conta do meu próprio medo.

Difícil descrever o olhar dela enquanto me escutava, porque é difícil descrever o amor em palavras. Se eu tivesse que traduzir a sensação que tive após essa conversa, eu diria que foi de alívio. Naquele instante senti que eu não havia perdido o medo de que minha mãe morresse – isso me acompanhou até o dia em que ela se foi –, mas havia me livrado de parte do medo de conversar sobre o assunto.

Ter me visto assim, tão vulnerável, não impediu que minha mãe voltasse a falar sobre a sua morte. Ao contrário. Aquele momento nos conectou em outro patamar de intimidade, e isso nos fortaleceu. A partir daquele dia, a morte passou a fazer parte das nossas conversas, assim como fazia parte falar da pintura da parede, da troca de tapetes, da cor da cortina. Falar de resoluções e partilhas a tranquilizava, e, paradoxalmente, o assunto morte deixava nossa conversa muito viva. Passamos a falar da morte com tanta naturalidade que, acredite, éramos capazes de rir muito. Não um riso de deboche, mas de intimidade com ela. Hoje percebo como isso foi importante para mim e agradeço a minha mãe pela delicada persistência. A naturalidade com que passamos a tratar do assunto me fez relembrar que a morte sempre está ao nosso lado, de mãos dadas com a vida.

2

Tentamos fugir das conversas sobre a morte, e para isso usamos todas as cores disponíveis na infindável aquarela do medo. Nessa palheta de todas as cores de sentimentos evitativos, há disponibilidade infinita para a criação de frases de efeito que surjam no momento em que alguém se atreve a falar de morte. Essa pessoa está em sentimentos mórbidos, que devem receber nossa negação, nosso distanciamento, inclusive como uma forma de cuidado. Protegemos a pessoa dela mesma, de seus desvarios sem sentido, de sua suposta tendência a desistir de si. Por que entendemos que falar da morte é trazê-la para perto de forma tão ameaçadora? Por que a fala sobre ela parece dar permissão para ela operar mais rápido e mais eficientemente sua tarefa de subtrair os afetos e amores nossos?

Uma das respostas possíveis a essa pergunta está num certo pensamento mágico, como se fôssemos ainda as crianças que acreditavam em varinhas de condão. Como se falar atraísse o que se diz; então, falar sobre a morte seria uma maneira de chamá-la para perto. E aí, caso a pessoa realmente venha a morrer, deixará conosco um tremendo vazio, e nesse vazio encontraremos a culpa como chão para um ingrato repouso como o de uma cama de pregos.

Além de ser um insistente resquício de pensamento mágico infantil, essa ideia é falsa por construir algum nível de controle sobre a mais incontrolável das experiências da vida. Ninguém controla a morte. Ela é a mais autônoma das categorias da vida. Ela vem quando e como quer, pode avisar ou surpreender, pode chegar na velhice ou no momento do nascer. A morte é a mais soberana das experiências e nos ensina justamente o contrário: a compreender a impermanência incontrolável do existir. Precisamos aprender a falar dela, porque inclusive esse é um dos recursos autônomos com que contamos, justamente diante de sua grandeza impassível.

Ainda que não seja por pensamento mágico, estamos sempre evitando falar dela. Evitamos abordar seus caprichos para não crescer o tanto de realidade tangível que parece acontecer na palavra. Quando falamos, a palavra parece construir uma realidade mais concreta. A palavra realiza algo dentro, fora e entre as pessoas. Ao nomearmos, começamos a lidar com a possibilidade do que a palavra desenha com muito mais precisão. Por isso é tão marcante a primeira vez que dizemos "eu te amo" numa história de casal; sabemos que a partir dali o relacionamento se pautará pela grandeza emoldurada por essas três palavras. Não é mágica infantil, é consciência do que uma palavra faz com as intenções humanas. Dizer é arriscado não porque vai fazer acontecer aquilo de fora para dentro. É justamente o contrário: a palavra faz com que nos responsabilizemos mais pela consciência quanto ao que está acontecendo. Ao dizer, entendemos algo a mais. Quando conseguimos falar, conseguimos avançar na compreensão das coisas mais confusas e ambíguas. Falar é movimento, e o silêncio evitativo é o botão de pausa pelo medo de avançar.

Evitamos conversar para não parecer à pessoa próxima da morte que não temos esperança de que ela vença a doença, a terminalidade, o risco, o horror. Que coisa mais trágica é ver a morte como o fracasso de uma luta! Transformamos a jornada da alma em uma disputa, como tantas outras com que temos que nos haver nos palcos da vida cotidiana. A morte não é uma linha de chegada dos perdedores, é um aparecimento que pode ter ou não aviso, é uma certeza que se avizinha mesmo que não se queira sentir que ela se mostra tão aparente. Conversar com quem está morrendo é dar-lhe a oportunidade de entender melhor o que fazer com o pouco tempo que lhe resta, é receber dessa pessoa a vida que fagulha apesar do epílogo, é construir amplidão no corredor do tempo finito.

Conversar, escrever, sentir, sonhar, chorar, pensar acompanhado de alguém e em voz alta. Não há forma ideal nem esperada para a conversa sobre a morte, que certamente mora em algum ponto da estrada entre a coragem e o medo. Ninguém mora nos dois polos absolutos diante da morte, porque ela é um convite ao assombro que movimenta algo. Por sermos tão amedrontados, sua chegada não nos deixa indiferentes. E qualquer movimento, ainda que evitando o supostamente pior, é avanço e é parte de um caminhar que não se extingue com nenhum fim.

Por isso as palavras do Cláudio, por isso este livro, por isso a sua leitura e as perguntas que você se faz ao lê-lo. Afinal, este livro só existe porque o Cláudio se dispôs a conversar sobre a morte de sua mãe, com ela, ainda bem viva, em uma mesa em que já estavam sentados, além dos dois, o medo, a saudade e o desejo de acreditar em uma varinha de condão que transformasse o inevitável em avesso do avesso do avesso do avesso.

3

Eu e minha mãe vivemos tão intensamente os meses de sua despedida, tão despidos, tão entregues, tão inteiros, que não tenho passado por sustos do tipo "nossa, não acredito que ela morreu!". Não, não... Sei bem que ela morreu. Ela morreu de mãos dadas comigo às 23h50 do dia 6 de março. Não sinto nem uma ponta de inconformismo, revolta ou incredulidade. O que eu sinto é um enorme vazio no peito. Um buraco. Não quero parecer indelicado, mal-educado, ingrato ou coisa parecida, mas preciso pedir a todos que se aproximem de mim que não falem nada. Só peço que me escutem em silêncio e permitam que os seus silêncios escutem o meu. Estou no meio de um trecho íngreme da estrada. Eu, Cláudio, palhaço, meu sapato e minha mala cheia de perdas. Meu CPF, meu RG. Minha identidade se completa com as minhas lacunas. É preciso honrar meus vazios, minha alma crivada de ausências.

Por favor não me digam palavras de consolo do tipo "ela viveu muito", "teve uma vida linda", "você tem uma família especial, uma mulher que te ama".

Minha família é o chão que eu piso, mas não terra pra preencher minhas crateras.

Agradeço todo o cuidado, a boa intenção e o carinho. Mas não há palavras que me consolem, nem há consolo que me preencha. Não adianta gastar todo o seu empenho, toda a sua energia. Quem quiser me consolar vai ficar vazio sem que meu vazio fique cheio. O meu vazio me faz inteiro. Faz parte do meu recheio.

3

Apoiar um enlutado não é ofertar consolo, porque para a morte não há consolo que venha de fora. A morte e seu filho primogênito, o luto, deixam qualquer enlutado órfão de uma saída imediata para tamanha falta. O problema é assumir que a ausência precisa escancarar seu despovoamento. No luto, somos carregados de um nada que não nos abandona, até que dialoguemos com ele. As lágrimas são um diálogo. O grito é uma fala. A saudade é um texto inteiro que conversamos com esse vazio que se apresenta no luto. Não há consolo, mas sim companhia, ainda que não facilmente.

Até que o vazio possa ser sentido como companhia, é possível que outro humano esteja ao lado, se estiver disposto a dialogar com seus lugares desocupados de presença. Quando abraçamos o luto de alguém, abraçamos as nossas perdas, acolhemos os silêncios que jamais nos deixaram sentir, choramos o desalento de uma cultura que oprime qualquer tristeza invasiva demais e que não permite chorar em paz a dor inominável.

A paz do luto é o silêncio, não o abandono. Há uma diferença marcada entre as duas coisas: enquanto o abandono joga o enlutado no vale dos assombramentos, o silêncio convida ao florescimento da palavra grávida de algum futuro e amamentando a memória de qualquer passado. O problema é que não nos ensinaram a presença no silêncio que respeita o vazio. Disseram-nos que só conseguimos apoiar um enlutado dizendo-lhe palavras vazias, sendo "força!" a mais inadequada delas, porque é o encarceramento da lágrima e da raiva. A morte vem justamente como a pedagoga da companhia em momentos sem saída aparente. Quando estamos diante de um impasse, de um problema de difícil resolução ou de uma tragédia, agimos de maneira análoga. Inventar saídas ficcionais para problemas tão verdadeiros pode ser sentido como uma afronta. Diante de dores que tomam a alma inteira, não me venha com pequenezas que consigo assoprar para longe com um reles assovio. A morte pede conexão; o abraço silencioso e presente é o verdadeiro alento, quando ele é convidado a tocar o corpo que chora.

Como estar ao lado de uma pessoa que perdeu alguém que é mais do que um pedaço de si? Falando do que se sente, de como é triste testemunhar a tristeza do outro, chorando a dor do maior desalento da trajetória humana. Não há humano que desconheça a dor de perder, embora queira dizer às vezes que é impassível a esse tipo de tremor de toda a terra do corpo. Quando alguém chora com o corpo todo e se enverga em direção ao chão que parece se abrir em uma só fenda, entrega ao mundo a certeza do encontro inefável com a morte. Resta-nos escutar o canto que tudo diz e que nada salva. E isso não é um resto, mas sim um recomeço. Da mesma cratera que engole a esperança daquilo que se viveria com quem a morte levou embora sairá a semente de alguma vida possível depois da perda. No chão de onde saem silêncios também brotarão as palavras férteis; da dor que nada diz acontecerá a transformação da mudez em choro de vida nova.

4

4

Há momentos em que o luto pede longos silêncios. A morte deixa a herança de alguns hiatos sem a possibilidade de sequer pensar, que dirá nomear algo. Eu e Cláudio, escrevendo juntos este livro, estamos vivendo essa instância. Há dias ele não me manda material, e eu quis escrever aqui algumas palavras sobre a ausência delas. Não há problema algum nisso. A pausa faz parte de qualquer transição, que não consegue acontecer em movimento retilíneo uniforme. O caos é o pai das fases intermediárias da vida. É a partir de suas regras, involuntárias, surpreendentes e não lineares, que conseguimos mudar a roupa de existir.

Quando o luto lhe pedir silêncio, aceite o convite. Há muito o que sair de dentro de uma história bem vivida que não se emoldura em palavra alguma. A saudade às vezes quer somente ser uma tecla de retorno às cenas puras, em uma recordação infinita, como um filme viralizado na rede. A rede, no caso, é aquele tecido de memória que pede para ser balançado pelo tempo. Deitar na rede da saudade, balançar a memória no suave ritmo da viagem ao passado, por mais remoto que seja. Não há fotos amareladas numa cena inesquecível, há sim a necessidade de subverter a lógica acelerada de nossos tempos para dar-se o direito a voltar aos silêncios necessários a qualquer momento profundo.

E o luto é um desses instantes, entre o espanto e a reconstrução da vida. O tempo sem palavra, no meio do luto, é uma contrarrevolução. Hoje estamos imersos em preenchimentos de tempo, e as pausas são tão escassas quanto água brotando no solo desértico. Tudo o que é espera virou motivo para escutar um áudio, ver um vídeo, tocar um podcast, ouvir uma música ou ler posts aleatórios que escorrem com o dedo. O século XXI nos roubou os hiatos, as lacunas sem nada, os momentos em que simplesmente estamos livres para pensar e sentir. A morte e o luto, emparelhados no tempo, sem pedir licença às velozes vidas que levamos, surgem dizendo imperativamente: chega de tudo ter conteúdo. Há quanto tempo você não lambe seus vazios?

Eu vou ficar aqui, à espera amorosa das palavras do Cláudio sobre seu luto, quando elas tiverem que chegar. Nas páginas seguintes provavelmente comentaremos sobre esse tempo cheio de presença da própria ausência, sobre os aprendizados a respeito dela e sobre o quanto permiti-la é parte inalienável da experiência desse filho enlutado. É disso que mais estou gostando na escrita deste livro: é uma valsa do adeus e do reencontro com Ignez, com doses caóticas de silêncio e som. Porque é disso que somos feitos, como Lulu Santos me recordou agora em música-memória.

5

Os últimos dias não foram fáceis.

Tenho me sentido tão cansado, mas tão cansado, que não encontro uma palavra que descreva. Aos leitores de Harry Potter eu diria que fui atacado por um Dementador, criatura das trevas que absorve toda a felicidade das pessoas. Foi meio assim que me senti esta semana: total ausência de energia vital. Uma (des)vontade de deitar e dormir. Mas quando eu me deitava não dormia, e quando dormia acordava como se não tivesse dormido. E acho que nunca precisei tanto dormir. Dormir cada lágrima de choro não chorado, dormir o tempo de cada tristeza não vivida, dormir o tempo que não me dei de cada perda. Precisava dormir tempo. Chorar tempo.

É bem comum a gente dizer "parece que um trator passou em cima de mim". Esta semana o trator resolveu estacionar aqui em cima. Ou passar em câmera lenta. Uma vez, já faz muitos anos, eu estava dirigindo e de repente o carro derrapou e saiu da pista. E nessa hora, instantaneamente, o tempo se alterou. Senti o carro rodar e rodar e rodar em câmera lenta. A mim, lá dentro, impotente, não restava alternativa senão aguardar que ele batesse em outro carro ou em algum poste, o que por sorte não aconteceu.

Esta semana os tratores e o tempo passaram assim, len-ta-men--te. Me senti girando entre a saudade do passado, a exaustão do presente e um desagradável desalento com o futuro.

Pas-sa-do, pre-sen-te, fu-tu-ro.

Pas-sa-do, pre-sen-te, fu-tu-ro.

Nesse ciclo, parece que todas as mortes resolveram morrer de novo para que eu pudesse viver as perdas que não vivi. Nesses anos todos, eu me preocupei tanto com os vivos que não me lembro de ter chorado os mortos. Cuidei de minha mãe quando perdi minha avó, dos meus pais quando perdi minha irmã, da minha mãe quando perdi meu pai. Escrevo estas palavras, escuto minha própria voz e pumba! Caio do gira-gira e tombo em mim: não cuidei de todos eles só por amor. Preciso admitir isso. Cuidei deles também, e talvez principalmente, por medo. Pelo mais absoluto medo de também perdê-los. No fundo, cuidei deles pra cuidar de mim, antecipadamente. Mas agora o futuro chegou, não há o medo de uma morte iminente, então me sinto numa sala de aula, na hora da chamada:

"Passado?"

"Presente!"

Minha avó morreu esta semana, minha irmã morreu esta semana, meu pai morreu esta semana, minha mãe morreu faz três meses e esta semana.

Faz uns dias, mandei mensagem pro Alê dizendo que estava exausto e pedindo desculpas pela demora em mandar meus textos. "Amanhã eu escrevo." Mas não mandei. "Fiado só amanhã", está escrito na plaquinha do bar. E amanhã não chegava em mim. Como sempre faço, comecei a carregar um belo e pesado buquê de culpas: a culpa de não ter forças pra me cuidar ("Sai da cama, faz uma caminhada, vai andar de bicicleta!"), a culpa de achar que estou atrasando nosso processo de escrita, e sei lá... a culpa de ter chovido ontem.

A minha sorte é que no meio do caminho tinha um Alexandre.

Eu estava daquele jeito, meio gosma, meio gente, e resolvi abrir meu notebook pra reler o que o Alê já tinha escrito. Vai que isso me dava algum ânimo. Abro o arquivo, vou relendo e... Opa! Um texto novo do Alê?! Fico surpreso. Até aqui a gente tinha estabelecido um ritmo orgânico: eu escrevia, mandava um Whats avisando, e pouco tempo depois lá estava o texto dele. Mas dessa vez não havia texto meu...

Li as palavras dele e me desmanchei em lágrimas. Ele havia escutado e acolhido o meu silêncio. E fez isso sem nenhum alarde. Ele não me enviou uma mensagem dizendo "Cláudio, botei um texto novo lá". Ele simplesmente botou o texto. Recebi esse gesto como um símbolo de enorme delicadeza. Quantas vezes na vida só o que precisávamos era de alguém que acolhesse nosso silêncio... em silêncio?

Nos últimos dias senti uma grande necessidade de estar só. Meus filhos e minha esposa se preocuparam comigo. Eu não conseguia trocar mais do que quatro palavras: "Legal... Uhum, OK... Valeu...". E tchau. Ia pro meu cantinho. Mas eles fizeram suas tentativas de contato com tanta sutileza que não me senti invadido. O cuidado que tiveram e o respeito não insistente me deram conforto. Eu queria ficar só, mas não queria me sentir sozinho. Minha quietude precisava, queria e teve companhia.

A exata sensação que tive ao ler o que o Alê escreveu. O texto ali, em delicada e paciente espera, me fez chorar o choro da semana toda de entupimento. Ao escrever sobre meu silêncio, o Alê generosamente me revelou que não houve inversão na ordem de nosso fluxo de escrita. Ele me mostrou que eu estava escrevendo sem escrever. Assim como muitas vezes a gente fala mesmo estando calado. Sinais de pausa na pauta também são música.

Hoje estou bem melhor. Sinto que a melancolia, essa tristeza que perdeu a esperança, desatracou seu barco do futuro e ancorou aqui no presente, voltando a ser apenas a velha tristeza minha de cada dia. E com ela eu lido melhor. Temos caminhado juntos já faz tempo, e ela se dá muito bem com meus outros sentimentos, até mesmo com a minha alegria.

5

Vivemos uma vida de lutos. É muito mais fácil vermos a vida pelo viés das aquisições, mas a real é que é só a metade da história. Sim, ganhamos muitas coisas ao longo do processo de desenvolvimento. A linguagem da pediatria, das psicologias infantis, da pedagogia, revela esse aspecto: o bebê ganha, ganha, ganha. Consegue engatinhar, andar, falar, escrever. Estamos sempre observando o que se ganha. Mas isso também é uma forma de evitar a morte, porque estamos perdendo enquanto ganhamos. Ganhamos enquanto perdemos – todo este livro é também sobre isso – e deixamos para trás pedaços de nós, para justamente podermos viver outras fases. O bebê precisa deixar um útero ao qual já se havia adaptado minimamente, e de repente vem o nascimento com um mundo inteiro a ser descoberto (ganho), mas também com a chegada de um desamparo existencial (perda).

Somos ao mesmo tempo o olhar surpreso da grande novidade e o medo do desamparo. Somos a luz do sol que irradia beleza e a névoa que não nos deixa certezas do que virá. Estamos o tempo todo vivendo a ambivalência de existir, de ter que entender como faremos para integrar esses dois polos aparentemente antagônicos. Eu amo este filho que chegou aqui nos meus braços, mas às vezes ele me irrita muito e me faz sentir saudade do que já fui e não sou mais. Eu amo meu trabalho, mas não sei se quero fazer mais coisas além dele. Eu amo minha companheira, mas desejo secretamente nos meus sonhos estar com outra pessoa. Não somos garantidos por nenhuma escolha, e tampouco nenhuma perda é completo desvario. Assumir essa complexidade da vida dá muito trabalho.

E, quando a morte aparece, não deixa a terra totalmente arrasada. Há todas as emoções envolvidas no luto. Há tristeza, sim, e muita. Mas também há mais lembrança e mais presença de quem se foi, em momentos em que talvez não nos lembrássemos daquela pessoa. Há raiva. Há medo do amanhã e culpa pelo que não foi vivido da melhor maneira. Há alívio, sobretudo quando cuidamos de alguém que experimentou um longo processo de morrer, angustiante e doloroso. Projetamos nessa pessoa uma palavra que fala também de nós: "Descansou".

Esse descanso também é nosso, por isso essa palavra é uma projeção (colocar no outro sentimentos, expressões e intenções que na verdade pertencem a nós). Nós também queremos, e merecemos, descansar da dor de existir. Porque existir tem lá as suas belezas, inegáveis e maravilhosas, inesquecíveis e inebriantes. Mas a dor de existir, sobretudo na hora em que entendemos que existir é poder perder aquilo que mais se ama, é dilacerante. "Existirmos: a que será que se destina?", nos relembra Caetano. Descansar da dor do luto é parte dele. O luto é uma experiência não linear, imprevisível e que também permite que dialoguemos com ele.

O trator que passa por cima é um imperativo para o corpo: pare. Descanse em paz. Quem vive também merece descansar em algum nível de paz. Há paz no luto? Certamente, não como um produto que se adquire, mas como um exercício consciente. A paz também está no momento em que me permito derrubar defesas, chorar, dormir por horas seguidas mais do que normalmente. A morte passa, o corpo padece, mas não é só um padecimento da perda. O corpo e a alma ganham a oportunidade de viver uma experiência de intensa conexão com aquilo que importa.

No luto, vivemos um amor não ao contrário, mas ao infinito e além. É o momento de entender que perdemos muito, e o ato de não deixar de se lembrar é um ganho, porque eterniza aquilo que nos faz maiores. Lembrar do que se perde é também receber a textura de uma pétala, ainda que para isso tenhamos que segurar num caule rodeado de espinhos.

6

Cerca de dois meses antes de minha mãe morrer, minha filha foi na casa dela e contou que estava namorando. A Ig, abreviação de Ignez e apelido carinhoso pelo qual era chamada, a escutou bem e comentou com a maior naturalidade:

"Que legal, Lu! Qual o nome dele? Ou dela?".

...

Eu não deveria me surpreender com a pergunta, afinal a Ig sempre foi assim. Mas confesso que não me aguento de orgulho. Minha mãe morreu com noventa e três anos. Noventa e três anos. E essa pergunta retrata o seu jeito de estar no mundo e na vida. Traduz a luta cotidiana e silenciosa de uma dona de casa para que todos ao seu lado tivessem liberdade de ser, de agir, de pensar. Quanta complexidade era contida naquela mulher tão pequena, de um metro e meio de altura.

Minha mãe era uma pessoa pacata, muito tímida, reclusa, e vivia dizendo que amava "viver no seu mundinho". O que ela jamais soube perceber ou aceitar era o quanto o seu mundinho, sua vida aparentemente ordinária e comum, expressava sua alma transgressora. Tenho uma lembrança muito antiga, porém com as imagens ainda bem nítidas. Eu e ela estamos sentados numa rede. Lembro da textura da rede, meio grossa, com desenhos em verde, preto e laranja. Eu sou bem pequeno, uns cinco, seis anos no máximo. A gente está balançando, um ventinho no rosto, esticando as pernas pra rede ir pra frente, dobrando as pernas pra rede voltar. Entre cosquinhas e risadas, nós estamos cantando juntos. Lembro tão claramente desse momento que sou capaz de escutar as nossas vozes em coro: "Sem lenço e sem documento, nada no bolso ou nas mãos, no sol de quase dezembro, eu voooou".

Eu amava essa música. Eram férias de verão, e o sol de quase dezembro era meu amigo. Passávamos o dia todo juntos e em muitas noites eu o levava para a cama, ardendo nos ombros. Para minha mãe, no entanto, aquela música se conectava ao "seu mundinho" por outras razões: "Olha, fio (ela me chamava de fio), ele está caminhando contra o vento! E sem lenço e sem documento... Que liberdade total!".

É claro que lá na rede, sendo tão pequeno, eu não fazia ideia de que, enquanto cantávamos "Alegria, alegria", estávamos vivendo sob uma ditadura militar, e nem seria capaz de compreender as metáforas com as quais Caetano conseguia ludibriar a censura. O convite cifrado do poeta para que não desistíssemos de andar contra o vento da opressão. Enquanto eu cantava para o Sol, que via todo dia, minha mãe cantava pela liberdade que gostaria de ter. Liberdade da qual ela fez questão de que todos ao seu lado jamais fossem privados.

Era no seu mundinho que todos nós do seu círculo mais próximo encontrávamos um refúgio. Que os "esquisitos" ou as esquisitices da família encontravam espaço para se sentirem possíveis. Porque ali, no seu mundinho, não havia espaço para exclusão ou julgamentos moralizantes. Era no seu mundinho que as meninas da família encontravam um lugar para falar livremente de suas dores na luta cotidiana nesta sociedade tão machista. Foi ali, dentro do seu mundinho, que eu muitas vezes a escutei dizer que ela achava que o hímen devia ser retirado das meninas assim que nascessem para que nenhum homem pudesse se vangloriar de ter feito isso, "porque corpo de mulher não é troféu".

O mundinho da Ig era assim, como o Alê disse há pouco, o avesso do avesso do avesso do avesso. Momentos como aquele na rede, em que balançávamos literalmente contra o vento, se repetiram durante toda a minha vida. Foi com ela que assisti ainda criança a Meu tio, de Jacques Tati, em que o gênio francês critica a sociedade de consumo; foi ela que me fez pensar se, ao cantar "Cálice", Chico se referia a um substantivo ou a um verbo; foi com ela que, já pré-adolescente, assisti ao filme político Z; foi ela que me apresentou a Querelle e sua temática do universo gay. Finalmente, foi com ela, num cinema totalmente vazio pela iminência de início da pandemia, que assisti a Parasita. Nosso último filme juntos.

A vida sem a Ig será outra vida. Era com ela que eu, desde sempre, mais conversava. Com quem tive mais liberdade e intimidade para desabafar, comentar minha vida, os medos juvenis, as dores de amores... Minhas dúvidas, meus textos e meus segredos (não todos, é claro). Com ela tive os papos mais divertidos, profundos e abertos sobre qualquer assunto: sexo, drogas, rock and roll, MPB e, mais recentemente, sobre a morte.

Continuar balançando contra o vento sem estar de mãos dadas com ela vai ser muito sem graça, além de muito difícil. Ainda não consigo imaginar este mundo sem ela. Um mundo sem o seu mundinho.

6

Todo alguém que morre parece, a princípio, um sol que levou apenas uma parte nossa com ele. Ficamos com o sombreado da perda, da tristeza, da saudade. A luz só fazia sentido em ser nomeada assim caso esse alguém estivesse aqui, ao lado, disponível em sua imaginária eternidade. A morte vem, mostra que nenhuma luz se manifesta continuamente e inaugura nossa dificuldade em lidar com esse apagão de presença. Como lidar com a luz que a pessoa levou consigo e que agora é apenas memória? Essa luz continua mesmo sendo luz ou é apenas mais uma das ilusões que construímos com tanta facilidade sobre o que é e o que pode ser a vida?

Enquanto temos a pessoa viva, vemos a luz nela. Inclusive temos um hábito muito particular em nossa cultura de exaltar o quanto os outros são incríveis. Pensemos nas palavras que devotamos àqueles que mais admiramos em seus dias de aniversário, por exemplo: o outro é formidável, é uma pessoa de capacidades imprescindíveis à minha vida. Nessa concepção de encontro, somos quem apenas recebe sabedoria e lucidez daquele grande alguém. No polo oposto, há também aqueles vivos que são o contrário – verdadeiros enviados do mundo das trevas, que existem somente para atrapalhar nosso processo de desenvolvimento.

Lembramos das características mais maléficas e opressivas daquelas pessoas em que colocamos parte da responsabilidade pelo nosso sofrer. Em qualquer das duas alternativas, estamos diante de ficções. O outro não é tudo isso: nem o sol nem a treva. Ninguém é tão monolítico em sua identidade e não há vilões nem heróis entre pessoas de carne e osso.

Quando a pessoa morre, o risco maior é justamente o de sedimentar a desumanização de quem se foi. Sim, porque lembrar de alguém somente por aquela característica mais marcante é uma forma de contar a história de um livro apenas a partir dos primeiros parágrafos. Os enlutados têm muitas tarefas a cumprir durante a extensa jornada do luto, e uma delas é seguramente experimentar as várias formas possíveis de se lembrar de quem deixou de estar ao lado. E essa não é uma história que se reconte facilmente; há que se dar o benefício da dúvida, da hesitação, do choro, das reticências, das interrupções e dos silêncios. Toda memória é parcial, toda saudade e cena lembrada é uma revisita. Qualquer saudade é uma série de várias temporadas, e nenhuma delas pode ser representada em sua beleza e intensidade por um mero trailer de algumas palavras.

Por mais que haja sóis na pessoa de quem sentimos falta, o luto pode ensinar que ele na verdade é algo que, de fato, pode existir melhor e mais honestamente no espaço entre quem foi e quem ficou. A luz está *na relação que foi possível viver*, naquilo que se produziu em cada encontro e na somatória de todos eles. Os relacionamentos são o verdadeiro sentido de uma saudade, porque falam de um, de outro e daquilo que jamais poderá ser a soma dos dois. Quem perde alguém perde um laço, e esse laço não é cortado pela morte. Ele permanece ali, deixando de ser cotidiano com cheiro e textura de pele para ser lembrança umedecida em lágrimas, suspiros e algum sorriso. A luz está nesse laço que jamais morre. A luz está naquilo que existiu entre essas duas pessoas e que continuará existindo na forma de a história ser lembrada, reverenciada e contada.

No ato de lembrar, também inventamos. E, assim, também entendemos que a morte não é um total epílogo. Passamos a ver coisas que não víamos, a entender importâncias que estavam ocultas, a sentir raivas, medos, alegrias que estavam reprimidas e que agora podem encontrar a liberdade de sair às ruas.

A saudade é como a música de Caetano. Ela quer seguir vivendo, sem nada no bolso ou nas mãos. Para a saudade, basta o direito de revisitar o que se foi e o que não se pôde ser. Para a saudade, a morte e o luto são terrenos de ávida fertilidade narrativa. Ali, naquela terra dolorida, há novas formas de aprender a amar. O amor nasce do reencontro com aquilo que fomos, e é mesmo a única coisa deste mundo que é, sim, maior do que a morte.

7

Deu um nó. Um nó apertado entre o que é sentimento, lembrança, memória, momento, sofrimento, história. Um nó entre a cabeça e o coração. Faz muitos dias que não escrevo. Muitos dias que tento, tento e não consigo. Nunca fui muito bom em lidar com nós. Dos cadarços, dos fios de fone de ouvido. Quando vejo, estou nervoso, mordendo os lábios e aplicando muito mais força do que o nó precisa. Aliás, se tem uma coisa de que nó não precisa, é de força. O nó é parecido com a gente: quanto mais força externa nos aplicam, mais fechados por dentro ficamos.

Passei vários dias fazendo força demais e deu nisso. O nó ficou cego e trancou dentro dele imagens, sons, memórias e emoções. Nem o rosto da minha mãe eu conseguia ver direito. Muito curioso isso: quando o nó da gente fica cego, é a gente que para de ver. Parece até que o nó quer nos proteger, como se ele soubesse que ainda não estamos preparados para enxergar vivamente o que não teve tempo de morrer em nós mesmos.

E eu sei que ele, o nó, tem razão. Tem coisas que eu ainda não consigo olhar. Imagens de dentro e de fora. Não consigo reler nossas mensagens de WhatsApp, nossas fotos, os muitos bilhetes. Pouco a pouco vou me dando conta de que não consigo olhar tudo *isso porque ainda é só dor o que um dia será saudade. E saudade não é só. Saudade é com. "Com saudade"... Saudade é ter a companhia das ausências. Mas a ausência da Ig ainda não me faz companhia direito. Temos ficado bem sem jeito juntos. "Tá quente hoje, hein?" "Pois é... mais tarde vai chover..." Precisamos de tempo pra ganhar alguma intimidade, e, quando isso acontecer, eu e a ausência vamos dar boas risadas lembrando das manias da minha mãe. Vamos olhar para o pessegueiro em flor não com a dor que tenho sentido toda vez que o olho, mas com a certeza de que daqui pra frente a Ig olha pra ele através de mim.*

À medida que escrevo, vou me dando conta de que o meu nó é o tempo de que eu preciso pra entender e suportar um paradoxo: para que as memórias da minha mãe possam viver, minha mãe tem que morrer em mim, e depois renascer como histórias. O meu nó apertado, entre a cabeça e o coração, é um útero. E nele eu gesto a vida da memória da minha mãe. Preciso cuidar bem desse nó prenhe de memórias. Trocar a força por cuidado, delicadeza e gratidão.

7

O meu maior alento de dar as mãos para o Cláudio, neste livro, é que ele não é uma ficção. O nosso livro não é uma ficção, e o Cláudio tampouco. O Cláudio é uma pessoa que não inventa palavras, nem quando está com o nariz de palhaço. Eu posso lhe assegurar, caso você ainda não o tenha visto em cena: quando coloca o nariz para fazer a plateia acreditar em um picadeiro, ele é visceralmente ele. O nariz é que é uma ficção, ou talvez uma metáfora. O nariz vermelho é o coração dele colocado do lado de fora do peito, cheirando o mundo em cima de um sorriso que se pinta, chorando com a lágrima que inunda a cambalhota de vez em quando.

Mas a morte e o luto, como eu já disse, são como o Cláudio, dois nós que apertam as entranhas da gente. Por isso ele se deu o direito de escrever este livro: porque ele não mente. Pode até inventar uma vida nova, mas garanto que ela vai ser uma invenção de verdade. Eu sinto as páginas que escrevemos em parceria como um nó que vai se apertando aos poucos. Os nós que estas páginas escrevem vão nos transformando em um "nós", em um plural de eu e ele. Quanto mais ele aperta a dor dele, quanto mais a saudade da Dona Ignez vai fazendo o mundo virar um cubículo, mais eu estou ali, ao lado. Tenho vontade de estar ali, dentro do nó, apertado como se eu pudesse pertencer àquela dor que não é minha. O que é meu é o desejo de estar ali dentro, ao lado. Não sou filho de Dona Ignez. Mas eu sei o que é perder. Não sou o órfão aqui, mas eu sei o que é saudade.

Para entrar no nó de um luto, a gente não precisa viver a mesma dor. Se ela for nossa também, melhor ainda. Nunca entendi essa história de familiares terem que se mostrar fortes uns para os outros, chorarem a mesma perda sozinhos no chuveiro, enquanto os abraços doídos seriam tudo o que poderiam viver de mais intenso, belo e restaurador. Morte e luto não se vive sozinho; diante deles não há força que dê conta. Precisamos assumir de uma vez que não há nenhum titã dentro de ninguém diante das perdas que nos atropelam. Quem é atropelado fica caído, precisa ser ajudado por alguém. A morte e o luto são as melhores oportunidades na vida para aprendermos a pedir, aceitar e receber colo. O colo é o que temos. Ele pode receber a lágrima cheia de grito, o olhar vazio e seco, a palavra que não para de sair ou o silêncio que deixa a sala inteira constrangida. O colo aguenta tudo isso. Nesse colo, o nó no peito faz o nós, plural de coração, finalmente acontecer na intensidade que a alma pede.

Cláudio, dentro desse nó eu quero estar, pertencendo como se nariz de palhaço eu também pudesse ter. Quer ver? Vou tentar contar uma história de palhaçaria. Era uma vez um palhaço que decidiu subir a escada do equilibrista, e pé ante pé andar na linha tênue que separa o viver do morrer. Ficou ali, entre silêncios amedrontados e esperanças que se acreditavam em parte vãs. De repente, caiu. Caiu numa rede de proteção, ainda assustado, sentindo-se desamparado, apesar de feliz por estar vivo. O outro palhaço, que estava na coxia, percebeu que era hora de entrar em cena, não para atuar, mas para abraçar. Em instantes o palhaço caído recebia o sorriso do palhaço que improvisava uma ajuda, como parecem ser as melhores cenas do picadeiro. Ambos sorriram e se abraçaram. Ao tentar retirá-lo da rede de proteção, o amigo escorregou de verdade no chão, e para lá foram os dois, entre nós de rede, nós de abraços, gargalhadas da plateia e risos involuntários. Havia lágrimas também, mas elas foram menores do que tudo o que pôde acontecer ali. Obrigado por me fazer escorregar no chão da sua saudade, amigo querido.

8

Aprendi a rezar muito cedo, com uns cinco, seis anos no máximo. Minha família nunca foi religiosa, a gente não ia à missa, essas coisas, mas minha mãe se valia dos símbolos católicos para se conectar com a sua espiritualidade e acabou passando isso para mim. Primeiro eu aprendi o Pai-Nosso, depois a Ave-Maria, e finalmente Glória ao Pai, que era a de que eu mais gostava porque era curta e fácil de decorar. Minha mãe me dizia para rezar antes de dormir pedindo que os anjinhos me protegessem.

 Pra falar a verdade, eu não sentia a menor necessidade de pedir proteção para os anjos porque sempre me senti plenamente protegido pelos meus pais. Minha mãe contava que alguns parentes a condenavam dizendo que ela era "muito superprotetora". E tome críticas e mil palpites. Não sei exatamente o que é ser um pai e uma mãe "superprotetores", mas posso garantir que era muito bom me sentir superprotegido. Mesmo assim eu rezava. Não por mera obediência, mas porque era legal fazer coisas que os adultos faziam. Rezar era tipo a última brincadeira do dia e servia como um jeito de me autoninar. Aquelas palavras que saíam da minha boca sem significado iam virando uma musiquinha monótona e eu capotava no meio da frase sem a menor culpa de deixar a Ave-Maria sem toda a sua graça.

Essa rotina de rezar brincando durou alguns meses, até o dia em que eu recebi uma visita apavorante e implacável. (Dá para chamar de visita alguém que chega e nunca mais vai embora?)

Toc, Toc.

"Quem é?"

"Sou eu."

"Eu quem?"

Era a morte.

Não a morte ela mesma. A morte não vem assim à toa. Ela só aparece na hora derradeira, e, como você pode perceber, estou aqui vivinho da silva; este livro não foi psicografado. Quem bateu à minha porta foi uma emissária: a consciência da morte. Ela chegou de repente, olhou nos meus olhos e me disse, sem papas na língua: "Seguinte, Cláudio. Um dia o seu pai e a sua mãe vão morrer. Não sei quando, nem em que ordem. Isso é um fato e você não pode fazer nada pra evitar".

Fui tomado pelo terror. O mundo estável em que eu vivia poderia desmoronar a qualquer momento. Como assim viver sem meus pais? E qual deles iria primeiro? Filmes com roteiros apavorantes começaram a passar na minha cabeça: a vida sem meu pai. A vida sem minha mãe. Junto ao medo, uma terrível sensação de culpa cada vez que achava um roteiro menos pior que o outro.

Rezar deixou de ser uma brincadeira. Passei a fazer aquilo com fervor e comprometimento. Aquelas palavras enormes tipo "senhoréconvosco" continuavam sem ter significado, mas passaram a ter sentido e propósito: pedir pela vida dos meus pais. Era a única coisa que eu achava que poderia fazer para tentar proteger quem me (super)protegia. Passei a lutar pra não dormir no meio da reza porque agora eu precisava que a Ave-Maria estivesse mesmo cheia de graça. Se por acaso eu cochilasse, reiniciava sempre do começo.

E no final das três orações, e isso era o mais importante, passei a fazer uma prece pessoal, sempre com as mesmas e exatas palavras: "Por favor, meu Deus, faça com que minha mãe e meu pai vivam por muitos e muitos anos".

Vejam que eu não pedia aos anjinhos, como sugerira minha mãe. O assunto era grave demais pra falar com intermediários. A partir daquele dia e para sempre, passei a falar diretamente com Deus. Junto ao medo de perder quem eu mais amava, a consciência da morte me trouxe a fé.

Estou com cinquenta e sete anos e já faz algum tempo que não rezo toda noite. Faz tempo também que alterei a minha prece/súplica pela vida longa dos meus pais. Eles já estavam bem idosos, achei que era um pouco abusado continuar pedindo que vivessem por muitos e muitos anos. Lembro de uma vez em que pedi pra minha mãe rezar para que um projeto meu de trabalho desse certo. Ela me olhou e disse: "Vou rezar pedindo que aconteça o melhor pra você, e pode ser que o melhor para você não seja exatamente o que você está pedindo". Recordo-me de ficar meio irritado com isso, mas depois entendi que ela estava certa. Não temos controle e nem sabemos como será o futuro. O que podemos fazer é ter fé e cuidar da gente e uns dos outros. De alguma forma essa lembrança me ajudou a mudar a minha prece/súplica. Passei a falar assim: "Obrigado, meu Deus, pela saúde dos meus pais, e peço que continue cuidando para que o melhor aconteça em suas vidas".

Meu pai morreu com noventa e um anos e minha mãe com noventa e três. Não sei o que seria "o melhor em suas vidas", mas uma coisa não dá pra negar: as preces do Claudinho foram atendidas.

8

Nascemos várias vezes dentro de uma mesma vida. Os nascimentos a que me refiro aqui são as novas camadas de entendimento sobre o que é existir. O bebê, quando nasce, chora por entender que não vive mais dentro de um espaço protegido, que ele conhece com perfeição, cujos sons e texturas já lhe são íntimos. Depois o bebê vai crescendo e entendendo que ele e a mãe não vivem o tempo todo colados, que ela lhe falta e o deixa à mercê da própria agonia. Como pode uma mãe tão amada ter outros desejos, outras necessidades, outras vontades que não me nutrir, me proteger, me ensinar a viver? É claro que ele é bebê e não pensa com esse refinamento. Mas nós, adultos, podemos voltar no túnel do tempo e reentender quem fomos, como se construiu a angústia que nos faz vivos.

Porque viver é estar em estado de angústia. Nascemos para a angústia, no grito primal do bebê que chora o nascimento daquilo que chamamos de vida. Nascemos mais uma vez para a angústia quando não temos a mãe por perto e precisamos dela com a urgência que faz o choro gritar outra vez. Nascemos outra, e outra, e outra, infinitas vezes, sempre entendendo que somos desamparo. O que nos une, definitivamente, é a experiência do desamparo. Por isso viver dói. Por isso é importante que desacreditemos nas mentiras sobre independência. A independência é uma fake news que inventaram por aí. Não seremos jamais independentes, porque inclusive isso seria trágico, o mesmo que aceitar que a receita para o desamparo original é a solidão. A única coisa que podemos fazer é acreditar que somos autônomos para decidir com quem estar nos momentos de maior tristeza, medo, raiva, dúvida, saudade. Não somos independentes e jamais seremos. Mas podemos acreditar que algo se transforma ao sermos rede, ao sermos interdependentes.

Nascemos mais uma vez a cada momento em que descobrimos que não podemos tudo diante da vida. Quando descobrimos que a morte chegará para aqueles que são nossos esteios, precisamos de algum alento. Abre-se no coração de nós, crianças, um abismo que nos leva como queda infinita. Não pode ser. Não é possível. E quem nos dará a mão diante dessa descoberta catastrófica? Pode ser o anjo, pode ser Deus, pode ser a fé. Mas pode ser também a fantasia, a literatura infantil, a cantiga de roda, a brincadeira que inventa saídas para a morte, o encontro com amigos que matam e morrem de repente e, no segundo seguinte, já se levantam para o recomeço de outra história. Quando a criança em nós descobre que a morte é irreversível, passa a pertencer um pouco mais ao mundo adulto que não consegue pensar nisso o tempo todo. A consciência da morte, quando chega, é como uma pizza: meia evitação, meia fantasia. E crescemos assim, entre não querer falar e fantasiar que isso não acontecerá conosco.

A reza é parte do abraço que merecemos receber diante da angústia da morte. Quem dera todas as crianças, de um metro ou um metro e oitenta e quatro, de sete ou quarenta e nove anos, pudessem ter abraços, rezas, anjos e deuses encarnados em olhares compassivos de acalanto. Desde que entendemos que a morte vem e que diante dela não há concessões ou acordos, teimamos em ser os Claudinhos que oscilam entre a necessidade de rezar e o esquecimento de adormecer sem antes completar o pedido para receber a mão que trata o desamparo tão doído.

Por isso estamos aqui, e as nossas mãos também estão dadas a você. Porque eu sei que você é desamparo, como eu, como o Cláudio menino, como o Cláudio que ficou órfão. Você, eu, nós, viemos até aqui renascendo para a consciência atordoante de uma vida que tem lá os seus abismos, e que diante deles o abraço é a ponte possível que faz o tempo atravessar os corações assustados. Eu desejo que este livro funcione assim para você que nos lê: que ele seja como um anjo da guarda tardio, possível, meia muçarela de realidade, meia calabresa de compaixão.

9

Não sei se você já viu uma flor de pessegueiro. É a coisa mais linda. Pequena e de um rosa meio desbotado, nostálgico. Sempre fico emocionado quando vejo a árvore toda florida. Ela me conecta com uma memória meio em sépia, de um tempo que nem vivi. Eu tenho a sorte de ter um pessegueiro florindo no quintal, mas hoje a beleza dele está me fazendo sentir dor. O céu azul, sem nenhuma nuvem, também me machuca. Alguns dias têm sido assim. Vários dias, na verdade. Em que a beleza das coisas dói, as boas notícias machucam, os elogios que porventura eu receba...

Hoje, quando abri a janela e a beleza do pessegueiro alcançou meu coração, instantaneamente senti uma tristeza profunda. A primeira coisa que eu faria seria tirar uma foto e enviar pra Ig por WhatsApp: "Bom dia, Mama, olha como está lindo o nosso pessegueiro!". Ela amava receber fotos das flores aqui de casa. Boas notícias, então, nem se fala. Quando eu compartilhava algum elogio que tivesse recebido, aquilo a deixava feliz por muitos dias e eu ficava feliz por deixar seus dias felizes com a minha felicidade.

Faz uns dois meses recebi uma grande notícia: o Felipe, nosso editor, me convidou para prefaciar um dos livros de Rubem Alves que seria relançado. Fiquei tão eufórico com a novidade que, por instinto instantâneo, peguei o telefone pra ligar pra ela. Isso tem acontecido com muita e dolorosa frequência. Eu me lembro de um dos últimos dias no hospital, ela estava dormindo, eu na cama ao lado dela com o coração doído, com uma tristeza sem nome e sem tamanho. Precisando muito desabafar, simplesmente peguei o telefone pra ligar... pra ela! Veja só: eu ia ligar pra ela, pra contar que ela mesma estava na minha frente e muito mal. Que nome se dá a isso? Hábito? Costume? Me parece tão pouco, tão menor...

Eu não tinha o hábito de ligar pra ela. Não era um compromisso ou uma obrigação que de tão repetidos se tornaram automáticos. Eu tinha o amor de ligar pra ela, o prazer de ligar pra ela, o gosto de contar as coisas do dia para ela. (A quantidade de "ela" na frase mostra a quantidade dela em mim.)

Tudo que acontecia, qualquer coisa mesmo, só encerrava seu ciclo de acontecer no instante em que a gente conversava. Os fatos se completavam na partilha deles com ela. Por isso que até as boas notícias me doem. Porque estão pela metade. Como se eu sentisse a dor no membro amputado. A dor da flor mutilada por não ter sua beleza compartilhada com ela.

No fundo eu sabia que depois que ela partisse ia passar por isso, e juro que tentei fazer que não fosse assim. Normalmente meu jeito de me preparar para as adversidades costuma passar pela tentativa de recriar a realidade brincando. Alguns dias antes da sua internação, numa das muitas conversas que passamos a ter sobre amor, morte e permanência, a gente estava falando sobre a sua despedida e o papo acabou indo parar justamente na enorme saudade que eu teria de enviar fotos pra ela. "Mas eu já sei o que fazer, Mama", eu disse brincando. "Como você vai estar no céu, não vou usar mais o WhatsApp, mas sim o 'WhatsUp'". E exagerei na pronúncia do "up" para deixar claro o jogo de palavras. É uma *bobagem, eu sei, mas ela riu muito da besteira. Aliás, a gente sempre ria muito de qualquer besteira. Ela adorava piadas de humor nonsense ou meio mórbido. Uma noite estávamos emocionados falando do quanto estaríamos sempre juntos através do amor que nos unia e eu lasquei: "Um dia todos nós vamos morrer, Mama. Eu vou morrer, você vai morrer... espero que não nessa ordem...". E ela se desmanchou em risadas: "Isso é coisa que se fale? Hahahaha... E bem nessa hora em que estávamos tão emocionados? Hahahahahaha".*

Eu sei que estamos unidos pelo amor profundo e incondicional que vivemos, sei que ele atravessa o tempo, carne, osso, essa existência terrena, eu sei essas coisas todas, mas, putz... que merda: neste instante só o que eu queria era enviar uma foto do pessegueiro pra ela. Queria sentir a alegria de cada etapa: pegar o celular, escolher um ângulo, clicar no botão redondo de foto e depois apertar no "aviãozinho" de enviar. Mas a tristeza – é sempre bom botar a culpa nela – ainda não me deixou criar o nosso "WhatsUp". Ainda não sei como fazer isso. Hoje, ao abrir a janela e olhar pro quintal, só o que eu consigo ver é que o nosso pessegueiro se abriu em dor.

9

Fui ver como era a flor do pessegueiro, não me lembrava com muita nitidez. Parei na foto, contemplando-a como uma metáfora. Saem duas flores belíssimas, uma ao lado da outra, a partir de caules bem curtos, em uma simetria que me lembrou, imediatamente, o Cláudio e a Ig. A saudade é um caule curto, que existe dessa forma há pouco tempo mesmo. Mas é justamente nessa pouca distância que ainda há de se ver a dor e a beleza juntas, como se fossem simétricas e ocupando o mesmo coração. A saudade do Cláudio é uma flor de pessegueiro. O amor de uma mãe, que deixa rastros visíveis também depois que a morte passa pelo corpo dela, é uma flor de pessegueiro que está ao lado da saudade, brilhando como uma beleza que dói.

    O luto é ardiloso mesmo. Faz o que era belo passar a provocar dor. Faz até a cor ter dor. E isso é um acompanhamento que pode ser eterno; a partir dali pode ser que a vida passe mesmo a ter cor e dor, numa companhia inédita até então. É uma mudança de olhar que pode parecer cruel, mas que pode representar também mais solidez e maturidade para acompanhar o que é inevitável no viver, justamente as ambivalências de uma existência que é, ao mesmo tempo, sorriso e lágrima.

Passar por esses momentos em que tudo parece junto e misturado, em que as sensações se mesclam numa renda mal costurada, é o que pode fazer brotar uma flor nova, única, sem simetria na própria história. Depois do luto, nós crescemos um pouco mais. Todo o processo de desenvolvimento humano é um processo de lutos, vamos aprendendo a perder enquanto crescemos. Perdemos enquanto ganhamos e ganhamos porque deixamos ir pedaços nossos que nos brindam com o espaço vazio para o novo chegar.

Outro dia, meu filho Ravi, que está adolescendo, me mandou um áudio enquanto eu estava fora de casa, em lágrimas. Ele viu uma foto sua criança, há pouco mais de dois anos, e se conectou com o que já não conseguia ser. Depois, conversando com ele, entendi melhor: não era mais o garoto que acreditava em tantos mundos fantásticos. A vida assombrosamente real estava começando a encorpar o seu olhar. Abracei-o, porque chorar é mesmo o que se há de fazer, já que é inevitável crescer, perder e lamentar-se pelo que não existe mais. E não sou daqueles que teimam com essa mania de "ver o lado positivo", uma tragédia para o direito de simplesmente sofrer em paz. Deixemos a lágrima cair, porque naquele momento é o que a alma pede. Naquele instante, é só dor o coração; que ele chore, sem culpas e sem véus que abrandem o volume do sofrimento.

Porque, depois que o choro se esvai, há algo novo que aparece, não necessariamente a luz do alívio, do arco-íris e do futuro belo. A liberdade de poder expressar o que se sente é o grande poder em si. Cláudio sentiu dor olhando para o pessegueiro, teve vontade de ligar para Ig. Felipe ligou para Cláudio, oferecendo que prefaciasse o livro reeditado do mestre Rubem Alves, o que é alegria tão bela quanto a flor do pessegueiro. Essa alegria pode ter sido agridoce naquele momento, mas em alguma dimensão foi, sim, um momento diferente do luto absolutamente saudoso de alguns dias. Há que se dar o direito de ter alegrias em meio ao luto, porque a vida é também trágica e dionisíaca, com a mesma distância das duas flores que anunciam os pêssegos. Por isso o luto é bem-vindo e inevitável.

O que a vida quer de nós, neste momento, é que possamos assumir que somos uma coisa e outra, tudo ao mesmo tempo e agora. O luto é um convite para desidealizarmos a vida em uma só cor, em um só sentimento, em uma duração mais ampla do que um instante. O luto vem mostrar que somos fluidez inconstante, muito mais do que jamais sonharíamos. Parte de nosso sofrimento, inclusive, é que gostaríamos que a morte, essa senhora irredutível, fosse também inconstante, e que em algum momento pudesse trazer de volta o que ela nos subtraiu. A única coisa que não é fluida na vida, a única coisa que não acontece em um momento para deixar de acontecer em outro instante logo depois é a morte. Paradoxalmente, ela nos traz a mensagem de ser o caule que faz brotar a flor da consciência, que é assim mesmo, algo que se esgueira entre um naco de beleza e um tanto de dor.

10

Eu preferia estar triste a estar assim. Preferia estar chorando ou pelo menos sentindo o choro engasgado na garganta sufocando a angústia do peito. Preferia a angústia. Preferia a aflição, o desassossego, a falta de ar, a irritação sem causa determinada. Preferia a raiva, a braveza, a putice, a dor. Preferia a dor a estar assim. Preferia as muitas dores, a caravana de dores, a procissão de dores que às vezes me percorrem. A dor do hoje, a dor de sempre, a dor de nunca mais. Preferia "qualquer coisa que se sinta", como diz a música, a estar "sentindo nada".

Confesso que passei uns dias me enganando. Pior: confesso que nem percebi que estava me enganando. Quando me perguntavam como eu estava, eu respondia: "tô tranquilo". Mas não era verdade. Eu não estava nem tranquilo nem sereno. Sereno de verdade molha, e eu tô aqui sequinho. Nem uma gota, seja de suor ou de lágrima. Eu tô é assim. Desse jeito. Desse jeito assim. Sereno que não molha é apatia. Acho que é isso que "assim" quer dizer. Tô apático.

Jornal da televisão: Taleban invade Cabul. E eu assim:

...

População desesperada tenta fugir agarrada nas rodas do avião. E eu assim:

...
Pessoas desesperadas despencam do avião.
...
Nada.

Nem pra pedir socorro, como o poeta na música, eu sinto alguma coisa. E, como não peço, as pessoas me perguntam com alguma insistência como eu estou. As pessoas são gentis, ainda mais quando sabem que a gente perdeu alguém que ama. Elas perguntam como a gente está mesmo sabendo que não vão poder fazer muita coisa se a gente responder "tô péssimo". Na verdade, perguntam torcendo intimamente pra não escutarem nada parecido com isso. O sofrimento dos outros faz a gente sofrer por não saber bem o que fazer. Sensação de impotência machuca.

Mas não é para protegê-las que raramente eu falo como estou. Não tem nada de altruísmo em minhas evasivas. É que eu preciso de muita proximidade com a pessoa pra admitir e responder que não estou bem. Preciso de intimidade, senão eu sempre acho que vou incomodar o outro com meu desabafo. Se mesmo com quem tenho muita intimidade eu já fico achando isso, imagina com quem eu conheço menos. Para essas pessoas não tão próximas normalmente eu lanço um "vou levando", e na última semana recorri a essa expressão genérica para responder a todo mundo, até mesmo para as pessoas mais próximas. Mas eu não estava mentindo. De fato, nessa semana, eu tô levando. Tô levando, porém não sei o quê, não sei pra quem, nem pra onde. Eu tô indo, mas parece que não tô sentindo.

Sensação parecida, mas meio o avesso do que aconteceu comigo nos últimos dias da minha mãe. Tudo era tão urgente que o fazer se impôs ao sentir. Era como se não houvesse tempo nem espaço para os sentimentos. As decisões e ações eram de tal forma vitais que me senti dopado de um senso de ação imediata que de alguma forma me protegia da profunda tristeza que eu estava sentindo. Isso perdurou até mais ou menos uns dez dias depois da morte dela. Cuidar da papelada madrugada adentro, ir ao necrotério público, providenciar certidões, liberar o corpo, agendar crematório... essas ações todas me infundiram de um contínuo estado de prontidão: Sede? Água. Fome? Comida. Atchim, saúde.

Pode parecer estranho o que vou dizer, mas, nos dias que se seguiram à morte dela, eu estava meio eufórico. Não estou dizendo alegre. Estava eufórico. Elétrico. Eu estava havia muitas noites sem dormir, muitos meses dormindo mal, mas naqueles dias me senti como fazia muito tempo não sentia, o raciocínio rápido e o corpo forte e disponível. A morte de quem a gente ama é droga pesada. Fiz coisas sem parar, umas depois das outras, ininterruptamente.

O primeiro desafio depois da cremação foi voltar à casa dela. Eu precisava ir lá para alimentar os gatos e buscar documentos para várias ações burocráticas. Não sabia bem como seria entrar ali depois de sua morte, mas, curiosamente, quando voltei, dois dias depois, não tive nenhuma sensação. Nem boa, nem ruim. Ou melhor: só de não ter sido ruim já foi boa. Não senti a presença dela. Nem um resquício de energia, nada. Ela teve a oportunidade de sair do hospital e passar os últimos dias lá, mas não quis. E não voltou mesmo. A casa estava vazia. Isso fortaleceu ainda mais a minha prontidão para agir, e justamente eu, que nunca me dei bem com cronogramas, passei a viver a vida em tópicos:

- Realizar os últimos pedidos da Ig.
- Organizar a rotina de cuidados com os gatos.
- Ver com quem os gatos poderiam morar.
- Resolver assuntos referentes aos bancos.

A primeira ação, é claro, foi realizar o último pedido da Ig: fui ao banco e saquei todo o dinheiro da conta dela para partilhar entre as pessoas que trabalham no prédio em que ela morava. Fiz isso com urgência e senso de honra. Escrevi uma carta para cada um explicando que aquele era um desejo de minha mãe e entreguei os envelopes pessoalmente em encontros emocionados.

Missão realizada, parti para a próxima: gatos.

O cuidado com os gatos foi sendo dividido entre mim e meus filhos, e isso aconteceu meio que naturalmente; fomos nos revezando. Cerca de um mês depois, minha sobrinha decidiu adotá-los. Foi um alívio pra todos nós. Estávamos sofrendo com uma terrível sensação de culpa quando precisávamos admitir pra nós mesmos que ter gatos não cabia em nossas rotinas. E culpa seria a última coisa que a Ig suportaria nos ver sentindo. Nas semanas que antecederam sua partida, várias vezes ela nos disse que gostaria que os gatos fossem doados para alguma instituição. Deixou claro que não queria que "tivéssemos trabalho". Mesmo sabendo disso, não ficar com os gatos que ela amava tanto parecia ser um desrespeito com a memória dela ou coisa parecida. A decisão da minha sobrinha, após longa e cuidadosa reflexão com sua família, nos tranquilizou a todos.

Próximo item da lista: bancos.

Esse tópico foi o mais difícil. Eu sofro de uma espécie de "burocratofobia". Tenho certeza de que pra entrar no inferno a pessoa tem que passar por um cartório lotado, reconhecer firma e tirar certidões que já estarão vencidas na hora de apresentá-las. Graças a Deus minha sobrinha me ajudou nessa tarefa. Ela cuidou de abrir contas novas para a gente receber os aluguéis e eu cuidei de fechar as contas no nome da minha mãe. Quem já passou por isso sabe a lentidão desse processo. Papéis, mais papéis, e mais *papéis. Enquanto as ações bancárias se desenrolavam em processos lentos e torturantes, incluí uma nova e "urgente" bolinha na lista de tarefas:*

- *Olhar as fotos de família.*

Se você me conhecesse um pouquinho, saberia que sou rei em me dedicar a "inutilidades". Sou fortemente atraído pelo que não tem funcionalidade lógica ou aparente. A diferença é que, nesses dias que se seguiram à morte da minha mãe, eu me dediquei à inutilidade de olhar as fotos com a urgência de quem pode salvar o mundo. Não estava só querendo olhar as fotos. Eu simplesmente precisava olhar. Sentia a urgência de ver o estado delas, restaurar o que fosse possível, tirar fungos, mofo, essas coisas, e depois digitalizar tudo. Foram esses objetivos concretos que me ajudaram a atribuir utilidade e urgência à tarefa inútil de ver as fotos. E são muuuitas fotos.

Na casa dos meus pais tem um armário totalmente lotado de caixas de slides. Nem sei se alguém hoje em dia sabe o que é isso. Slide virou meio que sinônimo de tela de PowerPoint. Mas os mais velhos saberão. As fotos vinham em rolinhos de filmes que a gente botava na máquina. Depois que a gente fotografava, tinha que enviar o filme pra revelar. Demorava pra caramba pra ficar pronto, e isso gerava uma expectativa danada. No caso dos slides, o filme era revelado, mas as fotos não eram impressas. A gente precisava projetar na parede pra poder ver. Ver, não; assistir. Slide a gente assistia, tipo sessões de cinema em família. Acho que era por isso que o meu pai amava tanto os slides. O ritual, a família reunida. Para ele – e para todos nós, na verdade – a viagem de férias só acabava quando a gente fazia a sessão de cinema, semanas depois.

Para me ajudar na tarefa, a minha filha encontrou na internet um projetor em ótimo estado e absolutamente igual ao que tínhamos. Assim que meu brinquedo novo chegou, fui sozinho à casa da minha mãe "trabalhar" nas fotos. Separei algumas caixinhas para iniciar a tarefa, escolhi uma parede para a projeção, pluguei todos os cabos no aparelho para deixar tudo no jeito e esperei anoitecer para começar o trabalho. Mas, quando liguei o aparelho e antes mesmo de ver a primeira foto, aconteceu uma mágica: eu é que fui projetado. Não na parede, mas no passado. Escutei, então, o som inconfundível da engrenagem do projetor, e seu ruído soou como a voz de um querido amigo de infância. A luz quadrada iluminando a parede branca, o cheiro da estrutura de ferro aquecida pela lâmpada. Nunca mais senti um cheiro parecido. Naquele instante mágico, quem estava com o controle remoto nas mãos não era o Cláudio de cinquenta e seis anos, mas o Claudinho de cinco, com aquele enorme orgulho ter sido o escolhido para apertar o botãozinho verde e passar as fotos. Sinto muito forte a conexão com meu pai, que era quem dava o comando: "Próxima, filho"...

Aperto o botão. Aparece minha irmã, novinha, ao lado da minha mãe em algum restaurante de estrada. Como minha mãe está moderna! Óculos escuros grandes, uma camisa colorida e aquele cabelo estiloso, bem anos 70. E a cor da foto? Difícil de explicar... Me dou conta de que a minha infância teve dois tons. As cores da infância vivida e as cores da infância projetada.

Aperto o botão. Pessoas que não sei quem são estão sorrindo ao lado dos meus pais, que também sorriem. Minha irmã, um pouco à frente, com seus doze anos, faz uma cara de quem está odiando tirar a foto.

Aperto o botão. A foto está de cabeça pra baixo. Rio por dentro. Esse era um capítulo à parte nas sessões de cinema: as fotos de lado e as de cabeça pra baixo. E tome todo mundo virar a cabeça pra tentar entender a imagem. "Anota o número da foto pra gente ajeitar depois", meu pai falava pra minha irmã, que, sendo sete anos mais velha que eu, me esnobava porque eu ainda não sabia escrever direito.

O tempo na sala escura passou e eu nem vi. Fiquei horas a fio mergulhado em memórias, parando de vez em quando "pra lâmpada esfriar um pouco", frase clássica do meu pai nas nossas sessões de cinema. Nos dias seguintes, repeti a dose. Mas, depois daquele primeiro dia, eu já sabia que não estava à procura de mofo, manchas ou fungos. Tinha ficado claro que a minha urgência não era exatamente cuidar das fotos, mas preservar a minha história. Eu já havia perdido as pessoas que amo, não admitiria perder também as histórias contidas nas fotos. Histórias que poderiam ser contadas sempre que eu quisesse pela voz amiga e antiga do projetor de slides.

Estou chorando.

De saudade, de vontade de ver, abraçar, reviver aquelas viagens, aquelas sessões de cinema. Saudade da minha irmã, que se foi tão cedo, minha vó, meu pai, que puta amigo foi o meu pai. Minha mãe... Nem sei o que sinto de tanta falta da minha mãe. Tô chorando de tristeza, tô chorando de cansaço, tô chorando de tudo que eu não consigo mais fazer, as fotos que nunca mais vi, o projetor que eu trouxe pra casa e deixei parado, as caixas de slides, tudo ao alcance das minhas mãos, mas não tenho força, tudo parece muito, ligar na tomada, pluqar os fios, apagar a luz. Parei de fazer as coisas de banco, fodam-se os bancos, os papéis, os cancelamentos de débitos automáticos, a conta de luz, de água, de gás... Tô chorando por não aguentar fazer nada, chorando da minha apatia, o que por si só é um paradoxo, porque, se estou chorando, *não devo estar apático, hahaha, tô rindo e chorando. Chorando o choro das últimas semanas todas, sei lá se já não são meses. Chorando de alegria pela oportunidade de poder compartilhar o que estou sentindo. De viver essa experiência de escrever um diário compartilhado, meu luto acompanhado e acolhido pelo Alê e por você, que nem conheço. Chorando a dor das perdas e a sorte dos encontros. Chorando por ter começado este capítulo dizendo que não estava conseguindo sentir nada e agora estar sentindo tudo.*

10

A morte não é coisa que só nos despedaça – ela faz mais coisas por nós, certamente. Ela nos deixa em destroços porque sim, porque perder é o aprendizado mais evitado por ser o mais duro da existência. Os destroços doem, ficamos embaixo deles com o sofrimento que não anuncia nenhum epílogo, sem a esperança de sermos resgatados daquela dor de tão excruciante solidez. Sentir a ausência de alguém que a morte nos levou pode parecer pior do que qualquer tipo de aflição, mas pelo menos há uma dor ali. Sentir muito é muito melhor do que não sentir.

Talvez por isso o vazio, quando chega para muito além de uma ideia vaga, incomode de maneira inédita. Acho muito difícil que o Cláudio tenha se preparado para viver esse vazio. Em caso de ele ter já sabido que ele acontece, nada importa. Saber de algo com a cabeça (e até com o coração, sendo empático com alguém que está assim) é infinitamente mais leve do que sentir o nada. Nada. Nada, nadinha. Não há céu, não há chão, não há dor, não há futuro, nem saudade. Há um presente que não arde, um tempo que parece não ter nenhuma cor, textura ou temperatura. O vazio é um encontro com tudo o que evitamos. Sempre evitamos esse nunca mais. Tudo é o que fazemos para não encontrar o nada. Porque, quando o vazio se dá, não há espaço para nada mais. O vazio ocupa tudo, por um tempo que parece infinito também. Tudo na morte e no luto parece ter essa sensação de eternidade: quando vem, parece que jamais irá embora do corpo, da alma, da vida.

O vazio é como se a alma tivesse tirado férias. Mas é talvez um pouco pior, porque de férias há suspiros, alegria, gargalhadas, sono profundo da exaustão de que queremos nos livrar. O vazio é a ausência de qualquer presença. É o vazio. E, se você não entende bem o que eu estou dizendo, está justamente entendendo bem. Estou deixando aqui para você entender porque, quando acontecer com você, vai se lembrar talvez destas palavras estranhas: "Ah, foi isso que o Xande falou naquele capítulo".

O vazio só vai embora quando ele tiver que ir. "Sereno que não molha é apatia", disse o Cláudio, tentando mostrar que a suposta tranquilidade é, de fato, a maior máscara social para o vazio do luto. Ele tentou de tudo, porque estava inconformado com tamanha anestesia. Para um cara como o Cláudio, é impensável não sentir, não se conectar com o que está vivo e pulsando no outro, nele mesmo e no mundo. Sentir-se impassível diante da vida é pior do que morrer. Por isso os zumbis nos assustam tanto, porque são mesmo piores do que a morte. O vazio é um estado zumbizado do luto, que felizmente passa. Enquanto não passa, só faz assombrar em sua ausência de qualquer materialidade emocional.

O vazio, felizmente, é finito em nós. Somos atravessados pela vida, que se revela maior do que a morte e o luto. A dor de estar vivo, depois do vazio, se faz a alegria de voltar a sentir depois de aparentemente estar morto por dentro. É uma ressurreição da alma, que não suporta viver, ainda que por pouco tempo, sem sentir nada. Voltar a sentir, ainda que a tal miserável e indesejada saudade, é um alento.

O vazio vem avisar, em tons mais profundos, que luto não é só saudade. É troca de olhar para a vida. E, ao sentir novamente a dor, as lágrimas são um misto de alívio com a mais profunda dor de existir sem o outro. Num ritual de slides, em que as cenas de uma vida inteira passam no ritmo e no tempo em sépia de nossas memórias desbotadas, chorar é inundar o vazio de algo muito novo. Vale a pena nascer de novo.

Esse luto está fazendo algo muito impressionante com meu amigo Cláudio. Ele sempre foi um belíssimo observador da vida, um educador pulsante, um palhaço inimaginável, um ser humano raro demais para ser passível de ser nomeado com todos os adjetivos que lhe definam com merecimento. A morte de Ig está refazendo as mãos dele. As mãos dele estão também dadas à beleza da vida. Cláudio está tocando de forma muito diferente as teclas do computador. Saídas do lado de dentro da dor, as palavras são novas, num arranjo pouco comum até então.

Uma das coisas que Ig está deixando de legado neste mundo é a possibilidade de vermos um escritor notável se reescrever. Através da leitura dos textos dele, sou levado sim às histórias e às lágrimas, mas com o sorriso de quem comemora o futuro já acontecendo no encontro da sua palavra com o seu coração. O filho de Ig jamais será o mesmo. As palavras para fazer o mundo acontecer diante dele precisam de urgente invenção. Depois da morte, está nascendo um escritor memorável entre nós.

11

No início dos anos 2000, eu estava com meu grupo de teatro de improviso num hotel chique em Brasília, esperando para fazer o check-in. Faríamos uma série de apresentações naquela cidade. O saguão estava lotado, e por isso o processo que nos conduziria aos quartos estava lentíssimo. Lembro de estar perto de uma mesa de madeira enorme, sobre a qual havia alguns pratos de cerâmica decorativos bem bonitos. De repente um dos atores, rompendo a monotonia da longa espera, segura nas mãos um daqueles pratos, me olha e diz: "Pega!".

Não tive tempo de falar "não faça isso!", "não joga", "isso custa mais caro do que um mês de cachê!". Ele simplesmente jogou e, quando eu vi, estava com o prato nas mãos, xingando o desgramado por tudo quanto é nome.

Irresponsabilidade do meu amigo à parte, pense bem: a vida não faz isso com a gente de vez em quando? Estamos lá tranquilos, vivendo nossa rotina sem sustos, e de repente lá vem um prato voando em nossa direção. Quantas vezes já fiquei muito puto com a vida por fazer esse tipo de coisa sem o menor cabimento! "Como assim? Justamente agora que tava tudo tão bem você vem e joga um prato?"

Foi mais ou menos essa a minha reação numa tarde tranquila de 2017, quatro anos antes de a minha mãe morrer. Eu estava em casa sossegado quando tocou o telefone. Do outro lado da linha era o médico dela, Dr. Carlos, perguntando se eu tinha um minutinho. O coração disparou. Ele nunca me ligaria pedindo um minutinho se o assunto não fosse sério. Sua voz soou gentil e delicada como sempre. Mas era claro o quanto o cuidado com as palavras procurava amenizar a força do prato que viria em minha direção: um exame de sangue da Ig havia dado positivo para hepatite C. Minha mãe estava na época com oitenta e nove anos. Lembro de ter ficado momentaneamente surdo à sequência de palavras que vinham do outro lado. Eu sempre tinha escutado que a hepatite C era a "pior das hepatites", uma espécie de câncer, ou de pré-câncer, leigamente falando. Me ajeitei na cadeira, tentando manter a calma enquanto o prato quicava nas minhas mãos. Alguns segundos depois, voltei a escutar a voz do Dr. Carlos dizendo que ligaria em seguida para a minha mãe para dar a notícia a ela, mas que havia ligado pra mim primeiro para que eu ficasse tranquilo e pudesse também tranquilizá-la.

Opa! Perdi essa parte! O que poderia me deixar tranquilo? "Desculpe, Dr. Carlos, estou tão nervoso que perdi algumas partes do que o senhor disse. Hepatite C tem cura, é isso?" Ele confirmou, mas foi enfático em dizer que cada caso era um caso e que era importante consultarmos um especialista. Agradeci muito, desliguei o telefone e só pensava em falar logo com a minha mãe. Mas o que seria melhor? Ir até a casa dela ou apenas telefonar? Fiz a segunda opção para não dar muito peso à conversa. Cerca de uma hora depois peguei o telefone e papeamos longamente.

Começava ali uma jornada extraordinária, que hoje percebo como uma espécie de capacitação para a sua despedida, que aconteceria quatro anos mais tarde. Nossa conversa foi profunda, muito sincera e marcada por um fato raro: minha mãe aceitou que eu a acompanhasse ao especialista. Quase nunca ela aceitava que eu ou qualquer um dos netos a acompanhássemos quando fosse ao médico, ao oculista ou fazer exames. Na maioria das vezes, só sabíamos que ela tinha ido ao médico dias depois. A frase era sempre a mesma: "Não quero dar trabalho, de jeito nenhum". Às vezes descobríamos por acaso, num papo corriqueiro, que ela havia ido sozinha ao pronto-socorro porque a pressão tinha subido. Nessas ocasiões, em resposta à tradicional frase "não queria dar trabalho", eu retrucava com uma espécie de contrassenha: "Quando você não pede ajuda, acaba dando mais trabalho, Mama...".

Dessa vez, no entanto, ela não proferiu a sua frase tradicional e, além de aceitar a minha companhia, ainda me fez um pedido inédito: "Fio, eu quero saber tudo, tá? Mas não sei se tenho coragem de falar... Você faz as perguntas difíceis pra mim?".

Nessa hora me emocionei. Ela nunca havia pedido que eu falasse ou fizesse algo por ela. "Eu tenho que resolver as minhas coisas sozinha" era outro de seus jargões clássicos. Mas agora a situação era diferente. Ela estava diante talvez do maior medo de toda a sua vida: o câncer.

Meus pais sequer falavam essa palavra. Desde que eu era pequeno, quando alguém estava doente, eles diziam quase cochichando: "Fulano está com 'aquela doença', ou 'está com C.A.'". Como se a palavra trouxesse um mau agouro ou se ao pronunciá-la eles pudessem abrir as portas para que a maldição se instalasse, mais ou menos como o Conde Drácula, que, segundo a lenda, só entra numa casa se for convidado. Infelizmente os eufemismos não produziram os efeitos místicos e protetores que se espera do alho em relação aos vampiros. Minha irmã faleceu de câncer aos cinquenta e dois anos, depois de lutar por cerca de duas décadas, entre remissões e reincidências. É claro que isso nos devastou emocionalmente e triplicou o medo dessa doença em todos nós.

Aquela conversa extraordinária que eu e minha mãe tivemos ao telefone foi uma das poucas vezes em que falamos abertamente sobre aquilo que nos assombrava, e o medo do câncer esteve presente como um guia. Pouco a pouco foi ficando claro que as "perguntas difíceis" que ela pedia que eu fizesse ao médico não tinham a ver com "Minha mãe tem cura?" ou "Quanto tempo ela tem de vida?". As tais perguntas difíceis eram pra saber se ela estava com câncer ou se a hepatite C poderia evoluir para um. Minha mãe não tinha medo de morrer. Tinha medo de estar "com aquela doença".

Alguns dias depois, lá estávamos no hematologista, com todas as perguntas difíceis pesando na ponta da minha língua. Após longos curtos minutos de quebra-gelo, ele olhou os exames e confirmou o quadro de hepatite C. Disse que era provável que ela tivesse a doença havia muitos anos, mas só agora tinha sido detectada. Lembro da carinha de plena atenção de minha mãe enquanto ele falava. O médico disse que havia tratamento e que os remédios eram fornecidos pelo governo.

Nesse momento captei um breve olhar de cumplicidade da minha mãe e fui instantaneamente tomado de coragem. Seu olhar me pedia para fazer as perguntas difíceis, e a honra de fazê-las se sobrepôs ao medo de escutar as respostas. Escutei a minha voz sair firme e sem hesitação: "Hepatite C é câncer, doutor?"; "E pode evoluir para um câncer?". O médico respondeu tranquilamente todas as perguntas, e a minha mão apertava a mão da minha mãe a cada boa notícia. Meio que pra dizer "ouça isso, Mama!";

meio que pra comemorar discretamente. A hepatite não era um câncer, a maioria dos casos como o dela tinha cura e só poderia evoluir para um câncer se ela não se tratasse.

Nós estávamos tão felizes que nem demos muita bola quando ele falou que para algumas pessoas os remédios causavam efeitos colaterais desagradáveis. Ora... o que é um efeito colateral desagradável diante da cura? Hoje eu sei a resposta: pode ser muito. No caso da minha mãe, ela poderia não ter sobrevivido ao tratamento. Tudo aconteceu muito rápido. Saindo do consultório, combinamos de irmos juntos buscar os remédios quando eles chegassem e que nos falaríamos todo dia assim que ela começasse o tratamento. OK? OK. Combinado? Combinado.

Só que não. Mais ou menos um mês depois, em uma conversa corriqueira, comentei que achava que estava demorando para os remédios estarem disponíveis. Com a maior calma, ela me respondeu: "Ah, fio, já busquei faz uns dez dias. Já estou até tomando!". E, antes que eu dissesse qualquer coisa, lascou o jargão: "Eu preciso resolver as minhas coisas sozinha". Essa frase significava "Ponto-final e não se fala mais nisso". Para não entrar em discussão, apenas perguntei como ela estava se sentindo e a escutei dizer que estava ótima, só tinha um pouco de cansaço.

Passei a ligar todo dia e a resposta era sempre a mesma. Mas cerca de uma semana depois notei que a fala "Estou ótima, só com um pouco de cansaço" destoava entre forma e conteúdo. O tom não era o de quem estava ótimo e o cansaço não parecia ser tão pouco. "Você está bem mesmo, Mama? Não tô achando sua voz boa não..." Ela argumentou que estava cansada porque tinha pendurado umas roupas no varal. Isso foi de manhã e eu desliguei determinado a ir lá assim que saísse de um trabalho. Não deu tempo. No meio da tarde, toca o meu telefone, é ela. Atendo correndo e do outro lado, *num fiozinho de voz, ela me diz: "Cláudio, eu tô passando muito mal. Me ajuda".*

Entre o lugar onde eu estava e já estar na casa dela só existe um borrão. Entro esbaforido, chego no quarto, ela está deitada e o que vejo me estarrece: minha mãe parece estar morrendo. Horas depois os médicos me confirmaram que se ela não tivesse sido atendida imediatamente poderia ter morrido mesmo. Um dos piores efeitos colaterais da combinação de remédios era causar uma brusca e fortíssima anemia. Minha mãe estava muitíssimo pálida, a boca seca e confusa. Mal conseguia falar. Intuí que não dava tempo de chamar uma ambulância. Pedi um Uber e, com a ajuda do zelador, consegui colocá-la no carro. Chegamos no hospital e ela foi instantaneamente conduzida ao setor de emergências, onde detectaram a necessidade de uma imediata transfusão de sangue. As vinte e quatro horas seguintes foram de medo, angústia e poucas informações. Às vezes aparecia alguém me dizendo que ela estava fazendo exames. Que exames? Por quê? Foi o Dr. Carlos, médico dela, que me ajudou a extrair mais informações lá de dentro do labirinto. Devido ao quadro de anemia severa, eles estavam procurando saber se ela estava perdendo sangue. Não estava. Era efeito colateral do remédio.

Mais algumas longas horas, e finalmente fomos para a casa dela, onde me instalei pelos dois meses e meio seguintes. Seu estado físico estava deplorável. Para conter a anemia, ela passou a receber transfusões de sangue semanais. Os remédios causavam também efeitos psíquicos terríveis. Angústia, ansiedade, aflição e agressividade. Muitas vezes eu a escutei falar em suicídio.

Lamento muito que o especialista não tenha sido mais enfático ao se referir aos tais "efeitos colaterais desagradáveis". A bula de um dos remédios descreve com todas as letras a possibilidade de acontecer tudo isso que acabo de relatar. Diante desse quadro, não voltei mais para casa nem para buscar uma muda de roupa. Aprendi a fazer canja, sopa, purê, que eram as comidas que ela mais tolerava.

Na verdade, a intolerância à comida tinha dois fatores. O primeiro era físico mesmo. Os remédios tiravam seu apetite e lhe causavam tanto mal-estar que na maior parte do tempo ela nem conseguia pensar em comer. O segundo fator não era exatamente intolerância à comida, mas ao fato de estar sendo cuidada. Para quem passou a vida toda falando "não quero dar trabalho" e "preciso resolver as minhas coisas sozinha", receber meu cuidado era uma tortura. Cada copo d'água que eu levava era uma batalha e um sofrimento: "Eu não posso fazer isso com você! Você tem a sua vida, não quero te dar esse trabalho todo!". Eu não sabia muito bem como agir. "Eu não aceito que ninguém se meta na minha vida!" se tornou o mais novo refrão.

Numa bela tarde, no entanto, o ciclo de pequenas batalhas foi interrompido por uma surpresa. Ela estava um pouco mais disposta, estávamos na cozinha tomando um café, e de repente ela me olhou e disse: "Fio, preciso te pedir desculpas pela forma que eu tenho te tratado. Que coisa horrível...". Ela faz então uma pausa densa que refletia a profundidade de seus pensamentos e me falou: "Não sei se vou me curar da hepatite, mas espero me curar da arrogância".

Senti meu coração transbordar de amor e de orgulho e lhe disse o quanto admirava a sua coragem por enfrentar a doença e seus "bichos internos". No dia seguinte, todo faceiro, levei um prato de canja pra ela no quarto e o que aconteceu? Ela soltou todos os cachorros: "Eu não vou comer, ninguém manda na minha vida!". Perdi a paciência: "Mama, você não falou que estava aprendendo *a ser cuidada?". Sem me olhar nos olhos, ela respondeu: "Falei que estou aprendendo e não que já aprendi!". Não aguentei e caí na gargalhada. Ela acabou rindo muito também.*

Com os ânimos serenados, combinamos que escreveríamos um diário juntos sobre a nossa experiência. De um lado eu escreveria como estava sendo cuidar de quem sempre tinha cuidado de mim. Do outro lado, ela escreveria como era a experiência de ser cuidada. Comprei um caderninho de capa dura e, antes de começar a escrever, fizemos uma regra: escreveríamos em duas cores. O que estivesse em azul o outro poderia ler. E o que fosse muito íntimo escreveríamos em vermelho, confiando que o outro não leria.

O caderninho está aqui no meu escritório, entre as tantas preciosidades que eu ainda não tenho coragem de olhar de novo. Sei que um dia, mais fortalecido, vou conseguir reabri-lo. Quando isso acontecer, pode ter certeza de que tudo que estiver em vermelho jamais será lido.

11

Algumas palavras são tão carregadas de medo, preconceito, dor e solidão que não podem ser pronunciadas. Câncer é uma delas. Traz a mácula de portar o medo e a possibilidade (real ou imaginária, não importa mesmo) da morte. Falou em câncer, falou em medo da morte. Uma doença misteriosa, porque é multifacetada na sua capacidade de aparecer de forma surpreendente em quem tem um corpo saudável, e que é mesmo como a vida: inesperada, com um ritmo que pode mudar no meio do seu curso. É um rio denso, caudaloso, que exige ser atravessado com muitas boias de apoio amarradas a cordas grossas em alguma das margens. O câncer é uma história que merece ser feita de mãos dadas, abracentas para quem gosta disso – como eu, por exemplo. Um câncer pode começar brando e terminar agressivo, pode começar leve e terminar mortal. É isso que a garganta do coração escuta, atravessada pela flecha do diagnóstico indesejado e impossível de ser esquecido a partir de então.

(Neste momento em que estou escrevendo sobre abraços e medos, aparece e pousa na minha mão um delicado dente-de-
-leão, do tamanho de um metacarpo, minúsculo como talvez nos sintamos diante dos medos de que estou escrevendo. Mas

é ao mesmo tempo leve e solar, em sua potência de viajar por aí portando a semente de algum caule novo. Penso em Ig. Penso em Cláudio. O luto é também a casa da singeleza.)

É mesmo injusto que o câncer carregue tanto peso em suas costas. E nem é só ele o tipo de adoecimento que dá um trabalho intenso a quem adoece e a quem cuida de quem adoece. Toda doença tem lá suas pedagogias. Vem para ensinar alguma coisa a quem se entrega aos seus arroubos. A hepatite C, por exemplo, no caso dessa história de Ig, talvez tenha acontecido também para dar-lhe a oportunidade de dizer esta frase icônica: "Não sei se vou me curar da hepatite, mas espero me curar da arrogância".

As doenças nos descolocam, nos desalinham, nos desvelam e insistem em fazer com que não sejamos aquilo que disseram para sermos o tempo inteiro: fortes. É na doença que se manifesta uma parte nossa que talvez não surja com tanta ênfase em condições normais de temperatura e pressão. Mas, sobretudo, no cuidado intensivo de uma doença duradoura como uma hepatite, o encontro pode ser reparador. Há desencontros demais em uma vida íntima para desaproveitarmos o encontro que uma doença nos convida a viver.

Se Ig aproveitou a hepatite para se tratar em sua capacidade de ser arrogante, tenho certeza de que o Cláudio também se tratou de uma ou várias características suas que, num momento, podem ser vistas somente como defeitos, e que talvez tenham sido ponte de conexão numa hora como aquela. Quando Ig defendeu que sua arrogância precisava de cuidado, Cláudio entrou com mais humildade para reconhecer suas impaciências. Quando alguém oferta sua miséria aos nossos olhos, há água que desce deles, em emoção por sermos mesmo todos assim. Que emoção poder testemunhar alguém que vai se desfolhando de suas arrogâncias, de suas implicâncias, em momentos em que a vida pede um pouco mais de alma e de calma. É profundamente belo poder ver o outro e apoiá-lo em seus desvarios, enquanto padece de algo realmente sério. Morrer, nascer e renascer são mesmo sinônimos, para quem está nascendo, morrendo, renascendo ou testemunhando com o coração inteiro.

Cuidar é ser cuidado. Ser cuidado é ser remédio de quem cuida. Não há tanta separação entre os corpos que medicam e os que recebem o comprimido. Em uma rotina longeva de atenção a uma doença que consome a família inteira, todos são levados pela torrente de angústia. Para que possamos ser mais do que a lama que se esgueira rio afora com a enchente da vida, vale falar, gritar, chorar, sentir. Não por acaso, há a palavra "leito" para quem está no hospital e para o rio. Estamos todos deitados na cama do tempo, que está passando como um vendaval úmido sobre e sob os corpos assustados. O medo nos envolve, é a real interseção entre os humanos. Somos desamparo. Olhe nos meus olhos. Eu sofro, eu tenho medo, me abrace.

Somos medo.

E, por isso mesmo, somos um.

(E esse segredo, vivido aqui entre nós que sofremos, a arrogância jamais saberá.)

12

Sempre fui especialista em perder coisas. Chego do mercado com um documento na mão direita, as sacolas na mão esquerda, o telefone preso entre a cabeça e o ombro enquanto faço uma reunião de trabalho e, de repente, cadê o documento que estava na minha mão? Só vou encontrar, sem querer, dias depois, no lugar em que eu menos esperava.

Atualmente isso tem acontecido com a minha tristeza. Calhou de minha mãe morrer e de repente eu me ver atolado de trabalho. Isso tem um lado bom, porque o excesso de afazeres me ajuda a ocupar a cabeça. Mas, por outro lado, mesmo que eu não perceba, a tristeza continua aqui, só que perdida em algum canto. E, exatamente como acontece com o documento perdido, de vez em quando dou de cara com ela nos momentos mais inesperados. Alguém fala alguma coisa – qualquer coisa – e eu caio no choro:

"Cláudio, me passa o saleiro?" Já tô chorando.

"Preciso comprar um protetor de cárter." E tome choro na mesma hora.

Saleiros não me trazem nenhuma memória afetiva, e sei lá o que é um cárter. Só sei que fica embaixo do carro e que precisa de um protetor. Mas, sabe Deus por quê, a tristeza estava lá esperando para ser encontrada, embaixo de um carro ou com o sal. Sempre que isso acontece, de eu me deparar com a tristeza sem mais nem menos, eu fico mal. É como se tivesse levado um tombo: "Ah, eu achava que estava mais forte...". Nesses momentos, eu meio que me dou conta de que o trabalho que me protege da dor também me impede de vivê-la. Parece que, quanto menos tempo eu tenho para viver a dor, mais a prolongo.

Sinceramente, tenho me sentido melhor quando me percebo mais consciente do que estou sentindo. Mesmo que seja tristeza. Outro dia, durante um trabalho, uma pessoa me perguntou como eu estava e eu respondi "Tô bem, obrigado". A pessoa, querida, falou que estava me achando triste. Eu agradeci o acolhimento e falei: "Tô triste mesmo. E eu tô bem porque sei que estou triste". Ela riu meio sem entender, e eu entendo que ela não entendesse. Fomos educados numa sociedade em que tristeza é um defeito, uma falha no sistema. A gente até pede desculpas quando está triste...

Não pretendo fazer uma ode à tristeza, mas um sincero agradecimento por sua companhia. O ditado diz que é melhor estar só do que mal acompanhado, mas, como diria o compositor Peninha, "ter saudade até que é bom, é melhor que caminhar vazio".

12

"Eu sempre fui especialista em perder coisas", disse o Cláudio, dando início a essa crônica do luto. É muito fácil perder coisas, porque elas são mesmo partes de nós que cabem em uma mão e se esvaem em meio a tantos outros elementos do dia, da casa, do cotidiano. As coisas têm uma desfaçatez tamanha que não se envergonham de desaparecer tão naturalmente de nós. As coisas se vão com rapidez, mas podem ser recuperadas, quiçá. Temos até a fantasia de que as coisas são substituíveis, mas é de novo uma das ilusões que compomos para lidar (mal) com as perdas. Todo mundo que já esteve diante de um bebê que perdeu sua chupeta, seu paninho ou qualquer objeto com que já tinha se vinculado e composto uma história sabe que as coisas que se perdem tampouco são substituíveis.

É fácil perder coisas. Difícil mesmo, demorado mesmo, aniquilador mesmo, é perder pessoas. Nunca estamos preparados para essa perda, e nesse hábito de perder talvez não seja possível dizer que um dia seremos especialistas. Porque não há aprendizado definitivo na perda, somente uma neblina temporária que, embora nos marque para sempre, não revela uma prontidão para a próxima. Perder não é um desempenho.

Ao elaborar um luto, tampouco estamos desenvolvendo algum tipo de performance.

Perder pessoas é parte do compromisso de amá-las, disse Colin Murray Parkes, um dos principais nomes dos estudos sobre luto. Amamos porque amar é fundante em nossa condição humana, e há muitos que preferem não amar porque intuem que a perda faça realmente parte da dor inerente ao benefício do amor. Preferir não amar porque a pessoa amada um dia nos deixará é trágico e já pode ser entendido como uma espécie de trauma do viver. Fundamental é mesmo o amor, é impossível ser feliz sozinho, e o resto é mar. No mar da saudade, entendemos que é duríssimo perder. Perder é uma inundação abissal, em cuja profundidade mergulhamos para tentar sobreviver à ausência.

Podemos aprender a perder *aquela pessoa específica*. Mas nunca será verdade uma indiferença diante da ausência de quem já foi amor rotineiro. Porque o contrário do amor não é o ódio, e sim a indiferença. Se estivermos indiferentes à perda, poderemos saber que não terá havido ali nenhum amor florescido. Perder é sempre um ato que nos causa dor, e dores doem. Uma criança passa a infância caindo inúmeras vezes durante as brincadeiras, mas os machucados jamais serão anunciados por uma dor indiferente. A cada ferida, um novo choro haverá de nascer. A cada nova pessoa perdida, uma saudade desconhecida haverá de brotar no coração descompassado.

É fácil perder coisas.

Mas como é difícil perder gente. Tão, mas tão difícil que a ausência precisa ser chorada muitas vezes. Já que amamos demais, em tons intensos e cenas inesquecíveis, a falta precisará chorar no mesmo volume ensurdecedor. Talvez em lágrimas que caiam de repente, como quem pede um saleiro na mesa do almoço ou conversa sobre a troca de uma peça do carro. Ao chorarmos sem motivo, estamos aprendendo não a perder, mas a reconhecer que aquele amor foi realmente belo e que merecerá ser recordado em momentos de raro descuido.

13

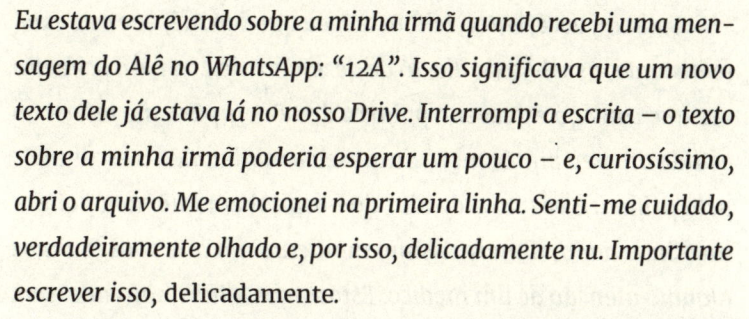

Eu estava escrevendo sobre a minha irmã quando recebi uma mensagem do Alê no WhatsApp: "12A". Isso significava que um novo texto dele já estava lá no nosso Drive. Interrompi a escrita – o texto sobre a minha irmã poderia esperar um pouco – e, curiosíssimo, abri o arquivo. Me emocionei na primeira linha. Senti-me cuidado, verdadeiramente olhado e, por isso, delicadamente nu. Importante escrever isso, delicadamente.

Terminei de ler e fui tomado pelo impulso irrefreável de abrir a terceira gaveta da mesinha de cabeceira. O assunto "objetos e coisas que se perdem" ainda estava muito vivo dentro de mim. Vasculhei a bagunça da gaveta e lá no fundo encontrei o velho amigo que eu procurava. Um baralho guardado há dez anos. Um Copag azul.

Quem olha para essa relíquia certamente não é capaz de ver nela nada além de um conjunto de 54 cartas para jogar buraco, canastra, rouba-monte e, para os frequentadores de boteco ou DA de faculdade, truco. Escrevo esta última palavra, truco, e meu coração se enche da presença do meu pai. O velho Copag azul é bem mais do que uma caixa de cartas para jogar baralho. Ele é um portal. Nos últimos dias do meu pai no hospital, esse baralho foi *nosso melhor amigo e nossa maior fonte de conexão. Lembro-me claramente do dia em que, não sabendo mais como me manter conectado com meu pai, tive a ideia de parar numa padaria a caminho do hospital e comprar o baralho. Isso mudou a nossa história. Posso afirmar que eu e meu pai nos despedimos brincando. Ele estava bem confuso, com uma demência progressiva que nos abalava a todos, mas, quando jogávamos truco, parecia jamais ter adoecido.*

Escrevo essas últimas palavras e preciso parar para respirar. Estou surpreso.

Saibam, você, leitor, leitora, e meu querido Alê, que este exato instante, às 11h59 do dia 26 de dezembro de 2021, é a primeira vez que consigo escrever a palavra demência *para me referir ao estado do meu pai. Lembro de que eu e minha mãe a escutamos pela primeira vez no elevador do hospital em que meu pai estava internado, num raríssimo momento em que conseguimos alguma atenção de um médico. Estávamos aflitos, sofrendo, sem informações e querendo saber se havia algo a fazer em relação ao declínio mental do meu pai. Lembro de, momentos antes, ter avistado o doutor no corredor indo em direção ao elevador e gritar para minha mãe como quem vê uma ave rara: o médico! Saímos correndo, conseguimos entrar junto a ele no elevador e me recordo da urgência com que despejamos informações que pudessem ajudá-lo a se lembrar do meu pai: "Seu Nelson, do quarto tal, aquele senhor magrinho que o senhor viu outro dia jogando truco comigo, lembra?". O médico deu um sorriso protocolar e foi curto e grosso na sua resposta:*

"Ele está com um quadro progressivo de demência, e isso não tem volta".

Plim!

A porta do elevador se abriu e ele foi embora, deixando lá dentro só nós três: eu, minha mãe e a demência.

Difícil explicar o que eu senti. Simplificando, era como se eu tivesse sido ofendido. A palavra "demência" é carregadíssima de estigma. Sem apresentações prévias que nos permitissem ganhar alguma familiaridade, ela soava exatamente como costuma ser usada: um xingamento. Não houve nenhum cuidado anterior de qualquer profissional de saúde dentro daquele hospital que nos deixasse minimamente mais próximos dessa palavra e da realidade do meu pai. Na verdade, não houve praticamente nenhum cuidado com a gente. Estávamos perdidos, à deriva, tendo contato quase que exclusivamente com o corpo de enfermagem, que era quem nos passava algumas informações. As visitas dos médicos, cada hora um, eram sempre frias, distantes, brevíssimas, quase totalmente desprovidas de informações e totalmente desprovidas de afeto.

Olhei para minha mãe. Ela estava claramente com medo. Mas também, como eu, estava com raiva. Isso me acolheu. "Cláudio (observem que ela falou Cláudio e não fio), como ele fala uma coisa dessas e vai embora??"

Nós sabíamos que meu pai não estava bem. Não dava pra não perceber. Também intuíamos que seu quadro era um caminho sem volta. Acredito que estávamos preparados para escutar que ele estava com Alzheimer, ou talvez, como diziam antigamente, "esclerosado", mas... demente? Aquilo foi um soco na boca do meu coração. Peguei birra, aflição e até raiva dessa palavra.

Em meu livro *Ser bom não é ser bonzinho* eu conto a história da despedida do meu pai e em nenhum momento escrevo demência. Nunca a escrevi nem pronunciei. A palavra é tão carregada de estigma pejorativo que naquele momento parecia imputar ao meu pai uma culpa pelo seu estado. Como se ele, de alguma forma, fosse o responsável pela própria miséria. Bloqueei a palavra. Mas algo aconteceu hoje às 11h59 da manhã. Movido pelo texto do Alexandre, abri a gaveta e peguei o Copag, achando que ele me recordaria de algumas histórias que vivemos no hospital. Mas sem perceber fui capaz de dar um passo à frente ou acima. Respirei e finalmente aceitei o que já sabia sem assumir: toda a minha raiva e irritação (muitas vezes com meu pai mesmo, por conta de suas "repetições" e "esquecimentos") eram uma forma de me defender de uma dura realidade: a morte da sua lucidez. A morte do pai que eu tinha até então. Minha revolta era um luto que não conseguia ser vivido.

Sim, os médicos não nos prepararam para escutá-la; sim, para mim a palavra é carregada de estigma, mas sim, meu pai estava com demência.

Obrigado, Alê. Obrigado, querido Copag azul. Iniciei este texto achando que o baralho me transportaria para o palco das minhas memórias, mas não imaginava que ele me levaria também para a coxia dos meus sentimentos.

13

Querido Cláudio,

Peço licença para entrar na lona que separa o espetáculo do seu texto da coxia de seus sentimentos. Não sou aplauso, tampouco seu antônimo, mas quero trazer uma cena iluminada como se final de espetáculo fosse. Eu me coloco novamente em suas mãos, porque é delas que saem os jogos da memória que se lembram da vida aos pares. Eu sou um papel que une, dois a dois: o amor à saudade, a palavra à indignação, a beleza ao luto, a escuta ao silêncio. Eu sou uma dança de pares que jamais se complementam com facilidade, justamente por não existir obviedade em nenhuma articulação entre sentimentos profundos. Muito prazer. Eu sou o Baralho Copag Azul.

Em tantos lugares de vocês dois, seu e de seu pai, eu estive. Senti as mãos ásperas que traziam dilemas para entoar trucos, vivi entre vocês a experiência de sentir o que uma doença pode afastar, assombrar, enternecer e aproximar. Eu sou um plástico que contém números e letras de duas cores, que se alternam entre sequências difíceis de montar. Não há sequência lógica na história de um pai e de um filho, Cláudio, você sabe. Enquanto um vive uma onda de amor pelo outro, este pode estar em conexão com a raiva de não ser amado como gostaria. No momento em que um está ocupado, o outro solicita e se frustra pela ausência. Um e outro querem se reconhecer e se aninhar num olhar pleno de abraço, que nem sempre consegue acontecer. Por isso eu vi vocês em fragmentos, em canastras esporádicas que se juntavam sem nenhum coringa, inclusive, que não se fez de intruso no meio da sequência de melodia amorosa. Foram vários os descartes, foram inúmeras as vezes em que um se desfez do tempo para o outro, correndo como podia em busca de fazer o que acreditava ser a urgência da hora. Pessoas não são cartas fora de nenhum baralho, mas as cenas vividas sim, são fragmentos que ora estão na mesa da memória, ora se perdem no monte esquecido na esquina da mesa. Tomar-me pelas suas mãos órfãs, agora, é sentir o toque da inteireza. Sinta-me inteiro, percebendo em cada carta uma cena inesquecível. Veja o que o céu do meu azul lhe conclama a viver. Eu também estou de mãos dadas com você.

Há momentos em que tudo se embaralha, em que parece que nem haverá saída para desembrulhar estranhamentos. Demência. Uma palavra-grito, uma voz que interdita e que sentencia o fim da partida. Mas aqui, paradoxalmente, a delicadeza que você sentiu com o texto do Alexandre deu passagem à memória. Por isso o luto é companhia, e não somente na primeira semana ou mês. O ano, os anos subsequentes a uma grande perda, são portais para diálogos que re-memoram, que re-inventam, que re-velam. Conversas no luto velam a dor, inventam novas sensações e são memórias vivas que fazem a saudade se aquietar e, de repente, sorrir. Eu hoje estou abraçando você como uma conversa, como posso fazer, ofertando-me para estar em sua palma direita, sendo visto como lembrança e te dizendo o que sempre vi em você.

Eu sempre vi esse menino que juntou doçura com descompostura, que cresceu grande porque jamais se esqueceu de brincar. Sempre vi em você esse palhaço que desembaralha as cartas da dor, sentindo-a e chamando-a para brincar. Deve ser difícil ser pai ou mãe de alguém que respeita e reconhece tanto a dor a ponto de brincar com ela. Seus pais morreram brincando e gargalhando com você, e posso afirmar que isso jamais foi um jogo de cena. Você sempre esteve ali, trazendo-me como um laço que aproxima e que quer dizer o que os constrangimentos da doença e do morrer às vezes silenciam em todos. Inclusive em mim.

Agora mesmo, quando vi você me tomando novamente, anos depois, fiquei em silêncio. Reverenciei você, sua história com seu pai e com sua mãe. Você é o dono da palavra que melhor define a sua dor, querido Claudinho. Fio. A palavra bem escolhida, mas por você, é um fio que você pode desnovelar, anos depois. A palavra pertence a quem sente – por isso os diagnósticos doem tanto, porque são cicatrizes impostas pelos donos do saber sobre a alma, muito antes de estarmos preparados para elas. Dá raiva, medo, angústia, tristeza e um tanto de espanto receber uma palavra que tem o desplante de retirar um tanto de vida e de potência daqueles que amamos. Num mundo perfeito, de ases e reis sempre enfileirados em sequência, o rei seria quem padece, e poderia sempre escolher a melhor palavra que definisse seu padecimento. Mas o mundo também é feito de canastras sujas por nomes de doenças, como demência. Vim aqui hoje para lhe abraçar, porque você conseguiu limpar o baralho da sua memória afetiva com o direito de colocar o intruso onde e quando você desejar. Porque o tal coringa que suja a canastra pode até ser um palhaço impresso em mim. Mas o dono da palavra aqui, o dono da história, o mestre da vida e da arte de contá-la, continuará sendo você.

Por isso você me tomou nas mãos. Porque o morto pode ser trazido ao olhar do jogador assim que a canastra se limpa. E tudo pode mesmo mudar de novo, quando você quiser embaralhar as palavras e fazer da sua vida outra e outra e outra sequência de ases sentimentais, de rainhas hilárias e de reis divertidos.

Obrigado, Claudinho. Por ser o palhaço que compõe com a palavra uma bela pirueta no tempo que está sempre em movimento.

Aqui, em suas mãos, sempre.

Um beijo enorme,
O Baralho Copag Azul

14

Semana passada, assistindo a uma série da Netflix, tive o instinto de pegar o telefone para comentar uma cena com a minha irmã. Que isso aconteça em relação a minha mãe eu entendo, faz poucos meses que ela morreu. Mas minha irmã faleceu faz doze anos. Escrevo e me espanto... Já faz doze anos... Que nó é esse que mistura e enlaça minhas perdas, como se a morte da minha mãe fizesse renascer em mim outras mortes, como se de alguma forma todas as mortes fossem uma só?

O impulso de pegar o celular para ligar para a minha irmã me religou a uma sensação de falta especificamente dela que havia muito tempo não sentia. Foi como se naquele momento a saudade dela, cheia de presença, caísse num buraco e naquela fração de tempo e de tombo eu me deparasse com vazios não cuidados.

Junto à impossibilidade de ligar para a Cyn, apelido carinhoso da minha irmã, me veio a lembrança da época em que a gente ficava junto na casa dela nos dias em que meu cunhado viajava a trabalho. Eu adolescente, ela sete anos mais velha, já uma mulher. Éramos tão íntimos naquele tempo. Quantas conversas... DIU, camisinha, amores perdidos, ciúmes, crises de relação. Minha sobrinha Samantha era uma bebezinha e eu ajudava a minha irmã a limpar xixi, cocô, passar Hipoglós... trocar fralda. Nossa... eu não tinha me tocado de que aqueles momentos eram uma espécie de iniciação para a minha paternidade. E neste exato instante em que escrevo também me dou conta de que cena semelhante à que acabei de descrever acontecera muitos anos antes, com personagens trocados. Minha irmã vivia contando das inúmeras vezes que ela havia trocado minhas fraldas, sendo ela anos mais velha que eu.

Estou chorando. Um choro de saudade, não apenas da Cyn, mas da nossa intimidade. Nunca ficamos distantes, mas jamais fomos tão próximos como naqueles tempos. Crescemos. Envelhecemos. Se é que dá pra falar que alguém que morreu aos cinquenta e dois anos envelheceu. Pouco a pouco paramos de conversar com a mesma intimidade. Não houve uma briga, uma discussão, um bate-boca. Simplesmente fomos parando de conversar de coração aberto. Só anos mais tarde, às vésperas de sua partida, e certamente movidos pela urgência do fio de tempo que lhe restava, é que conseguimos recuperar a profundidade de nossas conversas.

Faz doze anos que ela morreu, e acredito que o impulso de ligar pra ela tanto tempo depois era para que eu pudesse conversar, não com ela, é claro, mas com essa memória. Lembrar o quanto fomos amigos e finalmente chorar pelo que eu nunca havia chorado: a perda da nossa intimidade. Durante muitos anos me recusei a viver o luto da nossa proximidade e escondi essa tristeza atrás das desculpas convenientes de sempre: "ela mudou muito", "somos muito diferentes". Culpá-la pelo nosso distanciamento parecia me poupar de sentir tristeza por isso. E eu preciso e quero falar disso agora: conversar com a Cyn era muito bom, muito gostoso, divertido, aquecia meu coração e me dava um lugar no mundo. Eu sinto falta da minha irmã. Muita falta das nossas conversas.

Não sei se é possível viver algum luto integralmente. Sinto como se cada perda recente, como a da minha mãe agora, se conectasse com uma parte de um luto anterior que deixei de viver. Me parece que, quando uma pessoa morre, nós nos quebramos em tantos pedaços que nem sabemos quantos. Os dias vão passando e vamos dando conta de cuidar apenas de uma parte do que perdemos. A parte mais visível, mais "sentível", mais à mão. Até que uma nova morte acontece. E, então, quando estamos de pá e vassoura na mão tentando juntar os pedaços dessa morte mais recente, de repente encontramos um caco de uma morte mais antiga, que havia escorregado para debaixo de algum armário. E só aí nos damos conta da falta que faz o pedaço que falta. E naquele instante, ali na pá de juntar cacos de luto, as mortes se encontram e se conectam. Com a grande diferença de que os cacos de vidro nós juntamos e jogamos fora, cuidando de embalar para que ninguém se machuque com eles. Os cacos de luto guardamos dentro, e eles só deixarão de nos machucar quando os incorporarmos como parte das nossas ausências.

14

(Pausa. Silêncio em mim. É preciso silenciar para a beleza do luto poder entrar. O luto é uma beleza que parece ao contrário, mas belezas podem também chegar encorpadas de lágrimas salgadas. Eu faço silêncio porque decido assumir a expressão que o Cláudio acabou de criar como sendo um novo conceito para quem queira falar sobre o que é viver: cacos de luto. Vou ficar aqui fazendo algum silêncio. Depois volto para comentar as palavras que meus sussurros quiserem fazer ecoar.)

14

14

De que são feitos os cacos de luto? Quando eles se juntam, o que formam? Em que se transformam quando são esquecidos num buraco de tempo qualquer, numa escuridão de memória que não se quer revisitar? Como relacionar os cacos com a vida, e sobretudo como fazer deles um chão que possa ser pisado sem cortar os pés cansados de caminhar?

    A dificuldade em integrar os cacos da morte vem da ilusão de que somos inteiros. Crescemos sendo enganados, por falas absolutamente irresponsáveis sobre o humano, de que chegaremos em algum momento à independência, à força suprema sobre as durezas, ao foco que mantém tudo alinhado apesar dos tremores que nos invadem. Não somos nada disso. Somos fragmento. Somos cacos de nós. Somos cacos, somos nós, somos coletivo e somos impedimento. Somos medo, somos silêncio, somos cerveja e esperança, somos grito e profundidade, somos memes e olhos arregalados. Somos parte de muitos todos. Somos aquilo que nem sequer sonhamos que somos. Ou melhor, podemos até sonhar, mas não conseguiremos jamais entender todo o enredo que está dentro, entre, fora, em torno. Somos pedaços de história: lembrados, esquecidos, trazidos para dentro, jogados para um canto do lado de fora.

Esses pedaços que nos compõem acontecem desde o primeiro dia: um choro que tudo começa, ao nascer. Corta. Corta o cordão. Corta. Vem o abraço na mãe, dormimos. Corta. Despertamos e a mãe não está, o choro já é outro. Corta. Desmamamos. Corta. As pessoas vão e vêm, não ficam quando queremos e estão quando não queremos estar com elas. Corta. Há momentos de puro encantamento, mas que não perduram na eternidade que talvez nos satisfizesse. Corta. Vamos para a escola, para o mundo, para a vida. Descobrimos aos poucos quem somos. Enquanto vamos crescendo, há cortes que se somam às descobertas. Por isso descobrimos, porque também perdemos. Perder é importante para entendermos que não somos eternos, nem inteiros. Somos parte: de relacionamentos imperfeitos, de famílias possíveis, de trabalhos que também nos satisfazem, da natureza que nos é fundamento mas que não conseguimos respeitar como deveríamos. Cada fragmento de vida é um corte, uma cicatriz que ao mesmo tempo pode ser um beijo. Amar é poder perder. A alegria de correr é o risco de cair. O tempo que passa é o tempo que envelhece. Tudo é parte, tudo é um pouco menos do que poderia ser.

Os cacos são a parte não assumida de nossa real amálgama. Somos feitos daquilo que conquistamos e daquilo que nos escapa. Somos o passo que se aprende a dar e o tombo inevitável durante a caminhada. Tudo o que perdemos é luto. Tudo o que não vivemos é luto. Todas as nossas expectativas não cumpridas são lutos. Lutinhos, é verdade, porque os lutões são mesmo aqueles que chegam no encontro com a morte. Quando alguém se vai, entendemos o porquê de as cicatrizes pequenas acontecerem: elas vão nos preparando, insidiosamente, para as grandes quedas. A morte vem como um nocaute na previsibilidade. E tudo parece se esvair.

Mas é também diante dos cacos do luto que vamos compreendendo melhor as partes que deixamos de assumir como nossas. Tudo o que nos pertence e não é assumido é legítimo e necessário. A morte chega e, por muito tempo (anos a fio; veja a história do Cláudio com sua mãe, seu pai, sua irmã), vai mostrando os cacos do luto que pedem para ser integrados. Juntá-los é igualmente difícil, e tem a mesma carpintaria de um mosaico assimétrico. Não há simetria alguma no luto. O luto é disforme, e por isso mesmo tão humano. Aos poucos, como podemos, vamos encarando os cacos que somos, e chamando-os (e chamando-nos) de volta.

Os cacos do luto são parte inadiável de nossa saúde mental. Ao reconhecê-los, sentimos que podemos seguir. Depois da morte, só é possível seguir em direção a qualquer futuro se ousarmos ser corações que se assumem partidos. E, de parte em parte, quiçá seja viável o som de alguma nova partitura.

15

No tempo em que estive na casa da minha mãe durante seu tratamento da hepatite C, boa parte das nossas discussões por causa de comida ou hidratação foi resolvida de um jeito muito simples: com um copo pequeno. Isso é que é paradoxo. Uma encrenca grande resolvida literalmente por um copinho. Posso dizer que esse bendito copo mediou o nosso conflito.

Eu insistia muito que ela se hidratasse, mas era muito difícil para ela aceitar ser cuidada. Some-se a isso os efeitos colaterais dos remédios, que a deixavam com um humor irascível. A situação, que já seria difícil de qualquer jeito, alterada quimicamente, tornava nossa convivência um campo de batalha.

Um dia, sem saber muito como agir, vi o copinho dentro do armário da cozinha. Nunca tinha reparado nele ali, tímido, ao lado dos copos maiores. Era um copo bem pequeno, acho que pra tomar licor, ou uma dose de pinga, sei lá. Minha mãe gostava de cerveja, mas pinga? O fato é que o copinho estava lá, e naquele instante eu tive a ideia de usá-lo. "Mama, eu trouxe só esse copinho aqui, pra você se hidratar um pouco. Se de vez em quando você tomar um golinho, tenho certeza de que você vai se sentir bem melhor..."

Deixei o copo na mesa ao lado da cama e saí. E não é que deu certo?! Passa um tempo, ela entra no meu quarto e diz que achou a ideia ótima. Que ia deixar o copinho sempre do lado do filtro e toda hora que passasse pela cozinha tomaria água. "Assim eu me hidrato, não me sinto mal tomando tanta água e você não precisa mais se preocupar com isso." Leia a última parte como: "Assim você para de ficar insistindo". O santo copinho nos ofereceu um lugar no meio do caminho, e ela se sentia feliz porque a última palavra seria dela. E isso era talvez a coisa mais importante: ela sentir que ainda era senhora da sua vontade.

O mestre copinho me ajudou a compreender que, quando nos falta saúde e já não nos sentimos no controle sequer do próprio corpo, só nos resta defender a nossa palavra como último refúgio da autonomia. Para a minha mãe, ter a última palavra significava manter algum poder sobre a própria vida quando tudo parecia estar se perdendo.

Como não gosto de desperdiçar os ensinamentos dos meus mestres, passei a aplicar a mesma lição para as refeições também. Saiu o prato, entrou o pratinho. Desses de sobremesa. Funcionou demais! Quando estava mais disposta, ela mesma arrumava a mesa da cozinha já colocando um prato para mim e um pratinho para ela.

Paramos de brigar? Claro.

Que não.

O copinho era um ótimo mediador de conflitos, mas não um operador de milagres. Continuamos discutindo porque eu ainda não estava sabendo lidar com suas negativas em série, e me desesperava vê-la se alimentando tão pouco. A percepção de que às vezes era melhor que ela não comesse, mas fizesse valer a sua palavra, não foi um estalo; fui me dando conta disso bem aos poucos. A quantidade de insistências se somava à minha inabilidade de abordagem, porque admito que às vezes eu estava mesmo muito puto. Percebo hoje que boa parte dessa irritação não era exatamente com ela, mas fruto de minha braveza comigo mesmo por não estar encontrando caminhos para abordá-la.

Outro fator que dificultava nossa convivência eram os efeitos colaterais dos remédios, que, como já disse, a deixavam transtornada. Vários foram os momentos em que temi que ela tivesse perdido a razão. Suas explosões de raiva não eram muito frequentes, mas também não eram raras. E, por serem sempre inesperadas, eu me sentia em constante estado de alerta.

Apesar de tudo isso, justiça seja feita aos copos e pratos pequenos: eles cooperaram muito para que de fato os entreveros se tornassem bem menos constantes, o que possibilitou que a gente tivesse longas e lindas conversas, além de momentos de muita risada. Lembro de um dia em que ela estava na cama, sentindo-se muito mal. Os remédios lhe davam dor de estômago, prisão de ventre e cistite. Dores de cima a baixo, portanto, e tudo ao mesmo tempo agora. Isso já vinha durando a semana toda e não tinha remédio que ajudasse. Chris, minha esposa, me disse por telefone que eu imaginasse uma luz violeta e a projetasse com as mãos.

Eu nunca tinha feito nada disso, mas naquele momento achei que valia a pena tentar. Como não confiava nem um pouco nos meus poderes de emanação de luz, baixei uma tela lilás no meu tablet e lá fui eu para o tratamento. Entrei no quarto dela, a luz estava apagada, mas vi que estava acordada. Coloquei o tablet na mesinha ao lado da cama de forma que a luz incidisse sobre ela, sentei-me "que nem índio" ao seu lado na cama e falei que ia fazer um ritual de cura. Minha mãe fez uma carinha de muita curiosidade. Juro que até aí eu estava mesmo decidido a fazer o ritual de projeção de luz. Mas tem coisas que são mais fortes que eu...

"Fio, este ritual tem algum nome?", minha mãe perguntou. Acho que ela queria saber se era cromoterapia ou coisa parecida, mas eu não aguentei: "Tem sim, Mama, chama Maria Bethânia". Ela já começou a rir... "Maria Bethânia? Por quê?" E eu arrematei: "Levanta, sacode a poeira e dá a volta por cima!".

A gente riu tanto, mas tanto... Ela amava Maria Bethânia, e eu passei a infância escutando essa canção. Enquanto ela ria, eu falava com voz canastrona como se estivesse fazendo o ritual: "Reconhece a queda, mas não desanima...". E ela gargalhando e pedindo pelo amor de Deus que eu parasse: "Está doendo, fio, hahaha, para com isso, hahahahaha".

Alguns deliciosos minutos depois, conseguimos parar de rir, respiramos fundo e eu falei: "Agora sério, Mama. Vou colocar as mãos sobre os lugares que estão doendo, para melhorar sua dor de estômago, sua prisão de ventre e sua cistite". Ela fechou os olhos, compenetradíssima. Coloquei as mãos abaixo do busto, sobre seu estômago, e disse: "Estou colocando as mãos aqui para que passe a dor de estômago". Fiz uma pausa e deslizei as mãos até um pouco abaixo do seu umbigo: "Estou colocando as mãos aqui para que melhore seu intestino". E, tirando as mãos, concluí: "E espero que a outra dor passe sozinha".

Rimos, rimos, rimos e rimos e rimos. E vou falar uma coisa: não é que o ritual da Maria Bethânia deu certo?! Pouco tempo depois ela estava toda animada, sentada na cozinha, tomando um copinho de água e comendo um pratinho de não lembro o quê.

Muitos dias de tratamento estavam ainda pela nossa frente, e fomos caminhando assim, entre conversas leves, profundas, brigas e muitas risadas. A brincadeira da Maria Bethânia se estendeu para outras situações e músicas. Qualquer coisa que ela ou eu disséssemos era relacionada com uma canção:

"Fio, eu quero muito que você volte para sua casa."

"E sabe o que eu quero, Mama? Eu quero um banho de cheiro, eu quero um banho de lua, eu quero navegar..."

Ela amava essa brincadeira e toda hora me surpreendia também, relacionando algo que eu falava com uma canção. A possibilidade de sermos surpreendidos inesperadamente por uma música deixava uma boa tensão no ar, que diluía ou ao menos fazia companhia para a tensão dos nossos conflitos.

Passamos a brincar também com o tempo que faltava para o fim do tratamento. Em vez de dias, contávamos comprimidos: "Faltam só tantos desse aqui e tantos desse outro". Aquilo nos dava uma encorajadora sensação de contagem regressiva. Lembro como se fosse agora quando olhamos para os últimos comprimidos da última caixa. Lembro do orgulho que eu estava sentindo dela e da felicidade que ela sentia. Cerca de um mês e vários exames depois, o especialista nos deu a maravilhosa notícia de que ela estava curada. Fui aos poucos voltando para casa, esperando só que ela se fortalecesse um pouco. Lentamente ela foi recuperando a forma física e voltou a fazer as coisas que sempre fazia: ir à feira, ao cabeleireiro, ao banco, ao supermercado.

Voltar à rotina foi como receber a vida de volta, e isso a infundiu de felicidade e, digamos... muito entusiasmo. Um dia cheguei na casa dela e do nada ela me disse: "Sabe o que eu fiz hoje, fio? Um funk". Achei que tivesse escutado mal. "Desculpe, Mama, fez o quê?" E era aquilo mesmo: "Compus um funk. Um funk pra Ludmilla".

Minha mãe, oitenta e nove anos, compôs um funk. Para a Ludmilla! Ela conhecia a Ludmilla! Viver no seu mundinho jamais a impediu de estar conectada com o seu tempo e com o mundão de fora. Depois desse primeiro funk, vieram muitos outros e uma divertidíssima marchinha de Carnaval intitulada "A calcinha da vovó". Minha mãe estava feliz e no auge da sua potência. Vivendo como e onde queria: no seu mundinho, que ela tanto preservava. Acredito que ter encarado o tratamento, ter lutado por sua vida, a reconectou com seu potencial criativo, e tenho pra mim que criar e brincar expressam nossa mais íntima alegria e vontade de viver.

Alguns dias depois ela me chamou no quarto e me contou de uma passagem que eu sinceramente não lembrava: "Fio, eu preciso te dizer uma coisa... Várias vezes eu pensei em desistir do tratamento, mas o que me fez continuar foi uma conversa que tivemos. Você se sentou na cama e me disse que eu não precisava continuar o tratamento se eu não quisesse. Falou que eu tinha todo o direito de parar de tomar os remédios porque a vida era minha e eu tenho o direito de fazer com ela o que eu bem entender. Naquele instante eu resolvi continuar. Resolvi porque percebi que eu estava fazendo o tratamento por mim mesma e senti que, apesar de tudo, eu tinha a vida na minha mão".

Nos abraçamos longamente e me lembro de dizer baixinho: "Mama, se não me engano, 'ter a vida nas mãos' é um trecho de música do Gonzaguinha.

E rimos e rimos e rimos.

15

A vida, a morte e o luto se vivem um copinho por vez.

Esse copinho pode se chamar angústia. E nele há espaço para todas as sensações, inclusive o alívio, a gargalhada, a alegria. Porque a angústia é um copinho que contém até os seus antônimos. A cada gole somos molhados por um pedaço da vida. O luto e a morte, para quem ainda não entendeu, são pedaços dessa vida. Não há dentro e fora, tudo se liquefaz garganta abaixo. Alguns copinhos dão refresco, outros são amargos como boldo. Outros são adocicados como um chocolate quente. Outros são tão secos que nem parecem líquido, mas são. Copinhos de vida, morte e luto podem se manifestar como o sertão: seco, vívido, imponente, nascido e forjado pelo sol e caminhado em ranhuras que se fazem caminho afora.

Os copos não nos possuem, as mãos continuam sendo donas do ato de beber as águas da vida. Podemos negar, dizendo-nos que já estamos satisfeitos, ou que não costumamos beber enquanto trabalhamos. Claro, nesta sociedade acelerada, a morte e o luto são mesmo incômodas presenças que retiram as pessoas de suas posições no mundo do trabalho. Enlutar-se é dar tempo para vários goles, muitos deles sem saber sequer qual será o conteúdo.

A cada palavra dita ali ao lado, a cada silêncio, a cada canto de passarinho ou canto da sala com foto embolorada, pode haver uma memória que funciona como copinho de luto. Quando menos esperamos, lá estamos nós sendo convidados a tomar um pouco de sentimento do mundo.

Por isso, somos como Ig e como Cláudio: adiamos o encontro com o líquido agridoce e inevitável. Quando tomamos pouco a pouco, pode ser que fique mais palatável. Por isso a imagem do copinho é sensacional (Ave, Cláudio Thebas!). O copinho é o tamanho do que é possível tomar em um momento, para que não deixemos que o medo do afogamento pela dor nos domine completamente. Há delicadeza no luto, como há em qualquer outro momento de elaborar o que se vive. A vida pode ser, e muito, cruel. Mas o tempo de elaborá-la sempre é o da delicadeza. Somos os artesãos que fazem copos de todos os tamanhos, para caber todo tipo de disponibilidade emocional. Quando estivermos melhores, podendo tomar goles profundos de saudade e memória, que venham as grandes canecas. Quando estivermos doídos demais para querer qualquer copo à frente, pode ser que um copo pequeno nos deixe a impressão de que é possível molhar a dor com algum tanto de elaboração.

De copinho em copinho, vamos fazendo o luto acontecer, sem nenhuma regra. E, quando for necessário um tempo maior entre as doses, que tenhamos a compaixão de fazer isso acontecer. Porque o que tinha que acontecer já foi, já era, nunca mais será como antes. Agora é hora de se dar o privilégio da autonomia.

Por isso morte e luto às vezes não são um a continuação do outro, são contrários, cara e coroa. Enquanto a morte chega sem pedir licença, o luto pergunta: "Por gentileza, você aceita este copinho de saudade?", ou "Tudo bem sentir raiva de Deus, tome um pouco deste líquido amargo para te ajudar a senti-la". Você escolhe. O luto é seu. O copo é seu. Negue. Aceite. Viva.

Enlutar-se é reaprender a decidir o que é melhor para si, em cada instante.

16

Meu coração não tem sala de espera. Não tem balcão de atendimento, recepcionista, nem revista velha para os sentimentos ficarem lendo enquanto não chamados:

"Saudade da Ig, a senhora pode voltar outro dia? A raiva do presidente está ocupando toda a agenda do Cláudio hoje..."

Meu coração não tem lado de fora. É tudo ao mesmo tempo, aqui dentro e agora. Todos os lutos, todas as tristezas, todas as raivas e rancores. Estou tão cansado de ter que lidar com tudo isso que venho me sentindo doente. Amanhã faço uma pancada de exames. Adiei porque não aguentava mais a rotina: exame – expectativa de resultado. Os últimos anos e especialmente os últimos meses da minha mãe foram assim. Não aguento mais laboratório, login, senha... dias de espera pra saber o que os microscópios vão revelar. Será que os sentimentos aparecem nos exames?

"Hemácias OK, colesterol alto como de costume, mas seu índice de resistência ao fascismo baixou drasticamente... Isso afeta tudo, olha só como estão os níveis de tristeza e saudade... Isso é preocupante. Você vai ter que fazer uma dieta de Brasil pelo menos até o final de 2022."

Eu não queria que o luto da minha mãe estivesse misturado com o luto do Brasil. Eu não queria que a saudade dela estivesse entrelaçada com a raiva de toda essa gente que nos governa. Sinto como se isso poluísse a beleza da minha dor e maculasse a pureza da falta que eu sinto. Não tivemos um segundo de trégua. Desde o primeiro dia, a falta dela teve que conviver com dores que nada tinham a ver com nós dois: a dor de cada árvore queimada na Amazônia, a revolta com cada morte causada pela aliança covid-governo. A fúria destrutiva das pessoas que estão no poder exige demais da minha tolerância, me obriga a me manter num insuportável estado de alerta, quando o que eu mais precisava era poder ficar um pouco a sós com ela. Só nós dois. Eu e a falta que eu sinto dela. Não queria nenhum outro sentimento no meio da gente, segurando vela neste início de relação. Já seria difícil sem nada disso.

Foram meses e meses em que a falta dela me olhava e eu simplesmente desviava o olhar. Foram muitos os flertes, muitas as paqueras, mas custei a estar disponível. Só agora, mesmo tendo que conviver com a concorrência de tantos outros lutos e outras lutas, sinto que a falta da Ig e eu conseguimos criar alguma intimidade. Parece que hoje, quase nove meses depois, já demos até alguns passeios de mãos dadas, e nesses momentos até arrisco chamar a falta dela por um apelido carinhoso: saudade.

Drummond diz que "não há falta na ausência, a ausência é um estar em mim". Nesses passeios, é exatamente isso que sinto. Que a saudade é uma falta que me preenche. Muitas vezes olho as flores do jardim, e elas não machucam como no início, embora continuem a doer. Sinceramente acho que vou ter que me acostumar que daqui pra frente vai ser assim, sempre vai ter uma dor em cada beleza deste mundo.

Tenho até conseguido chorar mais, só que os choros estão diferentes. O choro da falta não é igual ao choro da saudade. O choro da saudade dói, mas não machuca porque tem uma profunda presença na saudade. Outro dia até me peguei rindo ao me lembrar de uma cena com ela. E é curioso como esse riso se parecia com choro, porque ele também era feito de dor e presença. Não dá pra rir de falta, mas como é gostoso rir de saudade.

Que a falta me perdoe, não quero ser ingrato, porque de alguma forma ela até tentou me fazer companhia, mas não dá pra comparar... A falta é como uma espécie de morte revivida. Sempre que sinto falta, parece que minha mãe está morrendo de novo, num gerúndio interminável que une o passado ao futuro pela ausência de esperança. A saudade, por mais doída que seja, não tem morte. Cada vez que sinto saudade, é porque está nascendo uma história da nossa vida.

16

O luto é menos poderoso do que imaginávamos. Ele pode ser invadido por um mundo que não quer saber da penúria de seu coração. E esse intruso chega como violação do silêncio que tantas vezes é fundamental sentir. O luto se dá na rua do cotidiano, não no quarto de luz apagada. O escuro da saudade recebe esses faróis na cara, que incomodam e desesperam. Isso não necessariamente vem do contexto mais amplo, mas pode ser também a visita de uma amiga, com uma conversa que nada diz e nada quer dialogar com a sua dor. Gente que chega para tentar distrair o luto quando ele quer só poder sentir saudade em paz costuma ser muito desagradável mesmo jamais tendo essa intenção.

Por isso, cuidar de uma pessoa enlutada é se mostrar disponível para estar com ela em um formato nunca antes experimentado, deslocado de toda e qualquer convenção social. O luto merece ser o atestado que desabona a pessoa de viver toda cena adequada socialmente, porque viver em luto já gasta toda a cota de adequação e adaptabilidade de uma pessoa sofrente.

Para estar realmente ao lado de alguém que perdeu alguém, basta estar disponível para mudar o curso do encontro a qualquer momento. Por exemplo, me recordo de um dia estar com uma paciente enlutada, que tinha me pedido a sessão em caráter de urgência, por um luto monumental em sua vida. Assim foi, desloquei vários pacientes de lugar para poder atendê-la naquele dia, e, quando ela entrou na sala, me viu, tomou assento, chorou dez minutos seguidos sem dizer uma só palavra e em seguida se foi. "Eu precisava vir para ter certeza de que não gostaria de ter vindo e que não precisava de fato deste encontro", me disse. Eis uma pessoa em profunda conexão compassiva com seu processo de luto, que de fato respeita o fluxo caótico de seu coração partido. Eu, como parte da rede de apoio àquele luto, não senti raiva dela, nem pedi que fosse mais segura do que queria. Ela não estava, de forma alguma, fazendo hora com a minha cara. A morte é que havia feito hora com a cara dela, retirando-lhe o amor com a maior empáfia. A mim cabia apenas segui-la, ofertando o melhor de mim naquele momento: a capacidade de fazer, a cada instante, o que podia contribuir para seu sofrimento ser menos insuportável.

 O Brasil não deu trégua a quem esteve enlutado nos anos pandêmicos. Parte de um luto saudável inclui o reconhecimento social dele, de sua magnitude, de um abraço na dor de quem sofre. Todas as vezes que uma autoridade qualquer desdenha de uma morte, está piorando o processo do luto de todos aqueles que estão vivendo perdas. Há uma parte do luto que fica pendente, esperando um momento em que haja essa voz maior da sociedade dizendo a cada pessoa subtraída de um de seus amores: "O que você viveu foi horrendo". Enquanto isso não acontece, parte do luto não avança, fica retida na represa da ignorância dos homens que exercem seus podres poderes.

 Por isso, aproveito estas linhas para dizer a quem puder estar aqui nos lendo: o que você viveu, caso tenha perdido pessoas para a covid-19 e se sinta indignado, sinta-nos de mãos dadas com sua raiva, sem querer calar nenhuma letra de sua voz que brada por justiça. Se você imaginou que a vida que lhe foi ceifada ao lado poderia ter sido preservada, mais ainda. Há lutos infinitos nesta vida, e muito provavelmente estejamos diante de situações dramáticas das quais jamais nos "curaremos" totalmente. Sempre haverá uma emoção a transbordar, e eu com sinceridade não vejo nenhum problema nisso. Ela existe porque é legítima, e pode ter valor igualmente infinito na construção de um mundo menos cruel. Nossas indignações podem nos levar longe. E o luto indignado pode ser o motor de várias ações grandiosas que reverberam em nós e no mundo que nos cerca.

    A raiva, no luto, pode fazer de você uma pessoa ainda melhor.

17

Eu e a Chris conseguimos uns dias de folga e viajamos para um lugar em que eu pudesse realizar um desejo: tomar um banho de cachoeira. Eu precisava porque precisava. Difícil explicar. Muitos quilômetros e uma pequena trilha depois, estávamos diante dela, a magnífica cachoeira Loquinhas, em Alto Paraíso, Goiás. O lugar é de uma beleza inexplicável. Tirei o tênis, entrei no lago verde-turquesa, nadei até o outro lado e, com alguma dificuldade, segurando num galho, consegui me posicionar bem abaixo da forte queda-d'água. Instantaneamente comecei a chorar. Mas a força das águas me impediu de ficar embaixo dela por mais do que alguns segundos. Parei de chorar assim como comecei, pois avistei a luta da Chris para se equilibrar sob as águas e desviei toda a minha atenção para tentar ajudá-la.

Depois de brincarmos um pouco no lago, voltamos à margem onde deixamos nossas mochilas e ficamos ali um tempo sendo impactados pela beleza do lugar. Quando nos levantamos para ir embora, abracei a Chris e instantaneamente voltei a chorar. E chorei compulsivamente, como não chorava havia anos. Escutei meus gemidos e grunhidos. Percebi meu corpo inteiro chorando e nesse instante senti a presença.

Não. Não foi da minha mãe que senti a presença. Quem chorava em mim, com aquele corpo, com aquela boca fazendo uma lua pra baixo, quem gemia e lamentava alto e sem controle, era o Claudinho. Eu nunca o havia sentido tão vivo e presente, nem quando brinco. Nem quando estou de nariz de palhaço. O Claudinho que a vida toda rezou para que seus pais vivessem "por muitos e muitos anos" não tinha mais seus pais e estava com medo. Muito medo. E o Claudião, que até então só havia chorado de saudade ou da exaustão de ser homem, de carregar o fardo incrustado na alma masculina de achar que temos a obrigação de cuidar e prover, encorajado pelo Claudinho, se permitiu também chorar de medo. Escrevo estas palavras com um pouco de vergonha, mas quero assumir, como um palhaço no picadeiro, que eu, Cláudio Thebas, cinquenta e sete anos hoje e seis e meio sempre, estou com medo de caminhar nesta vida sem estar de mãos dadas com ela.

17

Claudinho, feche os olhos. Eu quero te dizer algumas palavras. Desde que você sabe que existe desse jeito, entende que pouca gente te entende. Você sempre teve que escantear suas estranhezas, para tentar caber num mundo que não funciona exatamente de uma forma que apoie quem quer brincar de viver, fazendo da vida a coisa mais séria de todas. A morte leva um pedaço definitivo da esperança de ser entendido por aquele outro – por mais que a pessoa que morreu também tenha tido lá suas limitações para perceber quem você foi se tornando. Eu sei. A morte é uma orfandade do futuro. A morte deixa a gente sem o "amanhã a gente retoma essa conversa para tentar se entender melhor", sem o "que delícia sentir o seu amor", sem o "preciso de um tempo mais distante para entender quem sou". Tudo isso faz parte da aventura de atritar com quem a gente ama, Claudinho.

Diante da morte, fica o silêncio úmido da cachoeira, cuja queda-d'água é mesmo um choro convulsivo como o seu. Claudinho, você encontrou ali na cachoeira um elemento da vida que, de fato, te entendeu. Finalmente. O seu choro também foi de comunhão. Nenhuma pessoa, nem aquelas que você perdeu, foi o lugar exato do reencontro com você mesmo, mas uma cachoeira.

Na escola você aprendeu que pedras e águas são seres inanimados, que não têm vida. Será? Sinta no seu coração a pulsação da vida que brotou na paridade entre o seu choro e o choro da cachoeira. Ambos os choros saem em cachos, derradeiros, sem freio, desbastando as pedras que encontram e jorrando a queda que precisa sentir sua própria força.

Você já entendeu por que precisava tanto ir para Alto Paraíso de Goiás. Você foi para lá nadar na cachoeira que era mesmo o espelho inacreditável da sua beleza mais translúcida. Banhando-se ali, conseguiu desaguar tristezas, raivas, saudades, silêncios, vazios, lutos, lutinhos e lutões. A textura do abraço das águas foi a vida que lhe chegou como presente. Que bom que você se deu essa oportunidade de se presentear com o veludo da lágrima que sai daquelas pedras. Agora você pode abrir os olhos, sentindo que o que ali foi vivido pode ser parte das memórias de uma vida inteira: antes, durante e depois das mortes todas que você foi obrigado a viver.

As águas do luto podem ser libertadoras demais, sempre que não tivermos medo de mergulhar em sua profundidade. Porque você agora já sabe: as profundezas do luto têm a beleza inenarrável da cor verde-turquesa.

18

Na cerimônia de cremação da minha mãe eu tive a missão de realizar um de seus últimos desejos. Semanas antes, estávamos deitados na cama dela assistindo televisão. Ela já estava bem abatida, sentindo-se fraca, lutando contra uma disenteria que não passava e tendo que realizar exames e mais exames que abatiam sua moral. Não lembro bem sobre o que conversávamos quando de repente ela se virou de lado, me olhou e disse: "Fio, não é motivo para inconformismo, tá? Eu estou com noventa e três anos, poucas pessoas vivem tanto. Eu estou muito cansada...".

A morte vinha sendo um assunto tão constante que nem estranhei o fato de ela ter falado assim, direta, sem introduções. Seu rosto estava muito tranquilo e sua voz não soou dramática ou pesarosa. Era como se me tivesse dito: "Fio, não quero ir ao cinema, mas vá e aproveite".

Virei de lado também e falei com muita serenidade, apesar do coração apertado: "Ah, Mama... Não é questão de conformismo ou inconformismo. Se você vivesse duzentos anos eu sentiria muita falta do mesmo jeito". Ela fez um leve meneio de cabeça dizendo que me entendia, e emendou: "Eu não tenho o menor medo de morrer, sabia? O menor...". O tom soou alegre e surpreso, como se ela tivesse acabado de se tocar daquilo. A frase ia ficando no ar, mas ela completou: "Eu só peço que eu seja cremada".

Era a primeira vez que ela falava sobre o que fazermos quando morresse. Acho que a surpresa com o ineditismo da notícia me impediu de perguntar se não ter medo de morrer tinha alguma relação com o desejo de ser cremada. Na hora eu só falei: "Tá bom, Mama". Ela continuou, mas agora seu tom estava sério: "Cláudio... Você tem que me prometer que todas as despesas vão ser pagas com o meu cartão. Todas as despesas, papelada, crematório, tudo". Quando ela falava Cláudio e não fio, até seu tom de voz mudava. Aquela preocupação com despesas pós-morte era recorrente, fazia tempo que ela puxava esse assunto.

Demorei muito pra conseguir conversar sobre aquilo. Inicialmente ela queria que tivéssemos uma conta conjunta para que eu pudesse mexer no dinheiro quando fosse necessário, mas nunca me senti à vontade. Sempre soube o quanto ela valorizava sua autonomia e privacidade. Só depois de alguns anos de insistência é que chegamos a um acordo: em vez de abrir uma conta juntos, ela anotaria a sua senha e demais dados bancários num caderninho, que por sinal está exatamente aqui, na minha frente.

"Pode confiar, Mama. Tudo vai ser pago por você." Resposta de sempre para o pedido de sempre. Mas a cremação era uma novidade, então me ocorreu perguntar: "Nessas cerimônias eles sempre tocam umas músicas. Você quer alguma em especial?". Ela foi rápida: "Ah, não, não quero não, bobagem...". Mas um instante depois voltou atrás: "Eu quero uma música sim, fio. Quero que toque 'Eu sei que vou te amar', cantada pela Nana Caymmi". E então falou um pouco mais baixo, como se me contasse um segredo: "Saiba que é dedicada a você".

Comecei a chorar instantaneamente. Mas não foi um choro de sacolejar o corpo, de soluçar. Foi um choro fundo, intenso... A palavra que me ocorre é maravilhamento. Um choro de agradecer toda a beleza daquele instante tão doído. Um choro de agradecimento por poder viver aquela conversa, aquele amor tão sem tamanho. Chorei, chorei e chorei. Ela segurando nas minhas mãos. Quando consegui respirar melhor, eu disse: "Isso não vai dar certo, Mama... Quando tocar a música eu vou chorar tanto que vou apagar as chamas da cremação...". Ela caiu na risada. Eu continuei no clima: "Olha, Mama, eu prometo que tudo vai ser assim como você quer, mas só se eu puder fazer uma piada bem na hora da cremação...". Os olhos dela brilharam de curiosidade. Ela amava uma bobagem. "Que piada, fio?"

Acho que até os vizinhos escutaram a gargalhada dela quando acabei de contar. A piada em si não é lá essas coisas, a graça dela está no despropósito, e isso a minha mãe amava: "Que absurdo, fio, hahahaha... Isso não tem o menor cabimento!!". E riu e riu e riu e riu e riu. E eu ri com ela, contagiado por sua risada. Quando parecia que ela ia parar, voltava a gargalhar, como uma vela de aniversário, que volta a acender depois que se apaga. "Fio do céu... você jura que vai fazer isso?" Dava pra ver a Igzinha de sete anos falando pela Ig de noventa e três. "Ah, Mama, se você quiser eu faço sim..." Tentando parar de rir, ela respondeu: "Ah, fio, por favor, faz sim, vai ser muito engraçado!", e voltou a acender a chama da gargalhada.

Cerca de um mês depois, lá estava eu no crematório, podre de cansaço pela noite sem dormir, mas ligado na tomada, como se tivesse tomado um energético. Cheguei com a papelada arduamente conseguida durante a madrugada num necrotério público caindo aos pedaços, e depois de várias chateações mediadas e suportadas pela minha filha com o agendamento da sala do crematório. Fui direto até a administração dar a entrada nos papéis e, claro, solicitar que fosse tocada a música que ela havia pedido. "Com a Nana Caymmi cantando", fiz questão de lembrar.

A cerimônia foi restrita a mim, à Chris – minha esposa –, meus filhos, minha sobrinha e seu marido. Não sei se eu é que estava estranho ou se a situação é que era tão esquisita que não me lembro de ter chorado em nenhum momento, nem mesmo quando tocou a música. Algumas horas antes eu e minha mãe estávamos de mãos dadas até seu último suspiro, e naquele instante derradeiro já havia acontecido uma mudança drástica: o corpo dela, sem sua alma, já não era ela. Para mim, a nossa despedida foi naquele exato instante. Pra completar, a maquiagem que colocaram nela era tão artificial que pouco me conectei com ela-corpo. Tudo estava parecendo meio irreal... Posso dizer que em boa parte do tempo parecia que eu estava assistindo à cena. Só que eu fazia parte do filme a que eu mesmo assistia. Difícil explicar.

Acho que o que foi me trazendo de volta ao chão foi ter pouco a pouco me conectado com as pessoas que estavam ali. Pessoas que estiveram com ela até o fim, que cuidaram dela com todo o seu amor e presença e que também cuidaram de mim como nunca fui cuidado. Os encontros com cada um foram me emocionando, e foi nesses encontros que acabei sentindo a presença da minha mãe. Não no corpo que estava ali na nossa frente. A Ig estava em nós, em cada abraço, em cada troca de palavras e de olhares tristes, amorosos e cansados.

Ter me reconectado com ela me fez lembrar de uma coisa muito importante que eu estava esquecendo: realizar o seu inusitado pedido. Recordo vivamente de ter sido tomado por um estado de prontidão e senso de honra. Passei a monitorar o pessoal do *estafe do crematório. A piada não teria a mesma graça se falada só para alguém da família.* O despropósito do qual minha mãe tanto tinha rido estava em dizê-lo para um desconhecido, e eu imaginava que alguém apareceria na hora da descida do caixão.

Não sei se você já esteve numa cerimônia de cremação. O caixão é colocado numa plataforma, tipo um altar, que num determinado momento se abre e a urna começa a descer, e então a plataforma se fecha, encerrando a cerimônia. Nós já estávamos lá dentro fazia mais de uma hora quando uma moça se aproximou dizendo que havia chegado o momento. Seu tom era formal e pesaroso. Nós nos aproximamos da plataforma, que, por capricho, parecia estar enguiçada, mas, após um momento de tensão, finalmente se abriu. Se não me engano nós nos demos as mãos. Escuto a voz da moça, em sua difícil missão de dizer algumas palavras naquele momento. Sinto o meu coração pular de emoção por estar prestes a realizar o desejo da minha mãe. Lentamente o caixão começa a descer, indo simbolicamente para as chamas. Eu olho para a moça e falo:

"Perder a mãe é fogo".

Meu filho escutou, engasgou e saiu de perto pra não rir. A moça apenas fez um meneio de cabeça como se dissesse: "Eu entendo, eu entendo", o que tornou aquilo ainda mais nonsense.

Meu coração doído riu em silêncio. E, junto a um honrado senso de dever cumprido, me veio a certeza de que, onde quer que minha mãe estivesse, estaria dando boas gargalhadas, como uma vela de aniversário que volta a acender depois que se apaga.

18

Cláudio é mesmo um rio de leveza, sem deixar de fazer dela um escape para a dor e para a superficialidade. Por isso eu rio com ele, porque ele é rio. Sempre gargalho com essa história, e acho mesmo incrível que ela somente tenha podido acontecer porque, antes, o Cláudio e a Ig conversaram muito sobre o processo de morrer, e com tanta franqueza. Como parte dessa duríssima fala entre os dois, Ig pôde abordar sua exaustão com o processo degenerativo do corpo, bem como a vontade genuína de viver logo o epílogo de tudo. Esse diálogo talvez seja um dos mais temidos, um dos mais sentidos como uma impossibilidade a ser evitada a qualquer custo. A história que acabamos de ler dá pistas de que talvez a coisa não seja tão macabra assim.

Porque conversar sobre a morte com quem está morrendo é um ato generoso e libertário, que enfrenta amorosamente e com medo a verdade crua que o outro vive. Quem morre pode desejar falar desse processo, e dificilmente encontra espaço para buscar essa interlocução. A questão é que não há forma de viver essa conversa sem um tanto de pavor. Somos tomados pela palavra que tudo desenha no real: sim, a morte está aqui ao lado, esperando para entrar, e vai retirar em definitivo essa pessoa da vida de quem a tem no coração.

Como conversar com quem morre? Assim, de um jeito estranho, troncho, sem jeito, morrendo de medo, querendo ir embora a cada segundo. Não há outra forma. É como *O sétimo selo*, genial filme de Ingmar Bergman. Naquele momento, somos o cavaleiro jogando o derradeiro xadrez com a morte. Passamos toda a existência evitando encontrá-la, e eis que ela chega, dando mostras de que está na antessala. Nunca nos prepararemos para essas conversas. Elas serão sempre dolorosas, emocionantes, talvez não falemos o que esperamos, muito provavelmente as melhores palavras desaparecerão por completo. O que ficará são os olhares que se reconectam de forma abissal, no encontro definitivo que tudo diz. Esse texto do Cláudio mostra que foi uma conversa simples, inclusive divertida, em que o humor talvez tenha sido usado para amenizar o constrangimento.

Mas foi essa conversa que permitiu que a cena do crematório acontecesse, tanto na escolha da canção quanto na cena da frase contada como piada à funcionária do lugar. Quando tomamos a decisão de abordar a morte com quem morre, vivemos uma epifania. Talvez somente um evento mais íntimo que esse possa acontecer entre as pessoas ali, que é o testemunho do momento da morte. Por isso mesmo, dar lugar para falar o que precisa ser dito, de alguma forma, é um marco para a memória daquela relação. É uma cena que nasce antológica, que eterniza um tanto daquele laço, e que pode incluir lágrimas, silêncios e gargalhadas – não necessariamente nessa ordem, porque a morte é um desarrumar sem precedentes na etiqueta social. Enquanto nos sentimos amarrotados e descompostos pelo ineditismo da situação, talvez não percebamos que estamos transformando a estranheza num para sempre que nunca acabará.

As conversas sobre a morte são uma forma de vencê-la, no inevitável xadrez da saudade que passa a substituir quem se vai com ela.

19

"Cau, tudo bem? Você pode falar um minutinho?"

O tom gentil da minha irmã não foi suficiente para disfarçar a gravidade da notícia que ela estava para me dar:

"Ai, Cau... Vai começar tudo de novo... Meu câncer voltou."

Eu estava na escola em que dava aula, quase voltando do intervalo, e me lembro de buscar imediatamente algum local mais silencioso, coisa não muito fácil num pátio bem na hora do recreio. Enquanto caminhava, fui formulando algumas perguntas que me ajudassem a encontrar algum chão para o meu espanto pisar. No trajeto, pedi que uma professora me substituísse por uns minutos, até que finalmente entrei num banheiro masculino, local em que poderíamos ter, me perdoem o trocadilho, uma conversa mais privada. Entrei na cabine, tranquei a porta, me sentei no vaso sanitário e só então consegui me dedicar com mais foco e plena atenção às palavras da irmã.

O câncer dessa vez era mais agressivo, mas, segundo seus médicos, os tratamentos haviam evoluído e ela tinha várias alternativas. O mais importante seria iniciar a quimioterapia imediatamente. Trocamos algumas palavras de praxe e cheias de verdadeira esperança, do tipo "você já venceu essa batalha uma vez, logo vai vencer de novo". Eu só não esperava que antes de desligar minha irmã me fizesse um pedido:

"Eu não quero que ninguém saiba, Cau. Só estou contando pra você, pros meus filhos e pro Milton" (marido dela).

Ela fez então uma pausa, e seu silêncio era tão denso que nem os gritos das crianças voltando do recreio conseguiram preencher. Julguei ter escutado o silêncio me dizer que ele não era motivado por emoção, choro engasgado ou coisa parecida. A quietude parecia andar de mãos dadas com a vergonha (ou medo) de admitir uma fraqueza. Eu estava certo:

"Não quero que ninguém me olhe com cara de pena, não quero me sentir observada como uma coitada, não quero que me vejam como uma doente. Acho que não vou aguentar isso não, Cau. Sinto que isso vai me enfraquecer."

Eu estava respondendo que a entendia completamente quando fui abalroado por um pensamento amedrontador:

"Nem pra a mamãe e pro papai?" Meu tom foi de súplica, como se eu dissesse: "Claro que pra eles sim, né?".

O tom de incredulidade era obviamente a antecipação da certeza da resposta:

"Muito menos para eles. Não quero que eles sofram, fiquem preocupados. Eles não merecem passar por esse desgaste... Logo tudo isso vai ter acabado e eles não precisam ficar aflitos à toa".

Não sei se as crianças já tinham voltado para as classes ou se o silêncio que escutei naquele momento era fruto do enorme vazio que se fez no meu coração e na minha cabeça. A única coisa que eu conseguia saber naquela fração de instante era que eu não concordava com aquilo. Instintivamente me desviei dos motivos profundos que me levavam a discordar e passei a procurar argumentos concretos, mais fáceis de serem aceitos. Falei que não seria *possível disfarçar a situação, que seu cabelo provavelmente cairia, mas ela me contou que já tinha feito contato com uma loja de perucas feitas de cabelos de verdade, que eram perfeitas, impossível perceber. E então fez o pedido:*

"Você promete que não conta pra eles, Cau?".

E foi ali, naquela situação insólita, numa cabine de banheiro, sentado de calça e tudo num vaso sanitário, que fiz a promessa mais difícil de honrar em toda a minha vida. Eu estava tomado por sensações ambíguas e paradoxais. De um lado, a honra de ser merecedor de sua confiança e guardião de seu segredo. Do outro, uma horrível sensação inversa, do quanto seria desonroso omitir a verdade dos meus pais. Eu compreendia os motivos da minha irmã, porém não concordava com a ideia da omissão. Compreendia o desejo dela de poupá-los, mas não concordava com o método. Para mim, privá-los da verdade significava também privá-los de poder cuidar dela, de dar amor, de sentir-se em conexão com a realidade. Me achando sem saída, me comprometi a guardar segredo. Sei que ambos fizemos aquele pacto por amor. Minha irmã por amor aos meus pais. E eu, por amor a ela.

O tempo passou. Dias, semanas, meses e juro que não me lembro quantos anos. Acho que mais ou menos dois. Entre períodos de trégua e esperança, e pioras e metástases, seu quadro foi pouco a pouco se agravando. Perdi a conta das vezes em que pedi que ela contasse a verdade aos meus pais, mas, com o passar do tempo e a piora gradual do seu quadro, falar para eles o que estava acontecendo foi ficando mais difícil. Contar a verdade tinha ganhado outra conotação. Cada vez menos se tratava de poupá-los de saber que ela estava doente e cada vez mais significava prepará-los para a sua despedida. Ou seja, contar a verdade passou a ser sinônimo de admitir que não sobreviveria.

Honestamente, não sei o quanto ela foi capaz de aceitar esse fato. Não sei detalhes das conversas que ela teve com seus médicos nesse tempo. O que sei é que ela foi conseguindo, o quanto pôde, omitir as notícias sobre seu real estado de saúde. As perucas eram mesmo impressionantemente naturais, e ela procurava não visitar os meus pais quando se sentia mais abatida. Isso funcionava até certo ponto, porque é da natureza das mães sacarem quando os filhos estão escondendo alguma coisa. Não sei quantas vezes precisei mentir, omitir, mudar de assunto quando minha mãe "jogava um verde" no ar: "A Cynthia estava diferente hoje, você não achou?" ou "Faz uns dias que não falo com a Cynthia, sabe se ela está bem?".

Eu estava em Embu das Artes passeando quando recebi a notícia de que ela tinha sido internada às pressas. Fui correndo para o hospital e confesso que fiquei arrasado quando a vi. Seu quadro havia piorado muito. Não seria justo dizer que foi de repente, afinal já se passavam alguns anos, mas o declínio, que até então fora gradual, agora tinha sido drástico. Partiu dela dizer que não era mais possível esconder a realidade dos nossos pais, e que ela mesma contaria da doença.

A partir desse momento fica tudo meio nebuloso na minha memória, porque estava tudo girando dentro de mim: a tristeza pela perda iminente da minha irmã e o cuidado urgente com os meus pais. Decidi que precisava conversar com os médicos dela, coisa que jamais faria em outra situação para não invadir o espaço precioso e íntimo entre paciente e médico. Mas agora essa questão ética precisaria ficar em segundo plano. Eu precisava saber qual a expectativa de vida dela para preparar os meus pais. Uma corrida contra o tempo. Consegui "encurralar" num corredor do hospital uma médica da equipe que cuidava da minha irmã. Pedi desculpas pela aproximação impetuosa, contei quem era e expliquei o *porquê da minha urgência.* "Sua irmã está se despedindo da vida dela", *a médica me disse, claramente procurando palavras para me dar a notícia.*

Cinco dias separam essa conversa da morte da minha irmã. Cinco foram os dias que eu tive para conversar com meus pais procurando prepará-los para o "impreparável", a perda da sua filha. Cinco dias de conversas com meu pai, que parecia não conseguir entender ou aceitar a gravidade da situação, e com minha mãe, que entendia bem e que se manteve forte ao lado da Cyn até o último momento.

Alguns dias depois da cremação, minha mãe desabou chorando de revolta na cama. "Por quê, fio, por que teve que ser assim, coitadinha, tão rápido? Por que foi assim tão devastador?"

Minha irmã havia contado para a minha mãe, lá no hospital, que estava doente já fazia um bom tempo, mas a Ig passou a não acreditar naquilo. Para ela, a Cyn havia inventado que estava doente fazia tempo só para que eles, meus pais, não sofressem por ela morrer tão rapidamente, como se não tivesse tido tempo de lutar, de se tratar, se preparar. E eu me vi na situação inusitada de provar para a minha mãe que a verdade era a verdade.

"A Cyn não queria deixar vocês preocupados, Mama. Pode acreditar nisso. Ela estava, sim, doente fazia tempo e pôde se tratar com os melhores médicos e com os melhores tratamentos. E eu sei que é verdade porque eu sabia, Mama. Soube o tempo todo. Me perdoa. Eu optei por ser leal ao pedido dela. Me perdoe do fundo do coração."

Um pouco mais tarde naquele mesmo dia, sentados em sua cama, enquanto meu pai, arrasado, dormia, nós fizemos um juramento mútuo: dali para a frente, qualquer que fosse o assunto, qualquer que fosse a notícia, por mais dura que fosse, nós nunca mais omitiríamos a verdade um do outro.

19

Guardar um segredo envolve uma mística muito forte. Somos os "escolhidos" entre todo o universo da pessoa que nos confessa aquilo tão inconfessável. Por sermos escolhidos, nos confundimos na hora da confissão secreta e ficamos entre o espelho que se envaidece de ser especial para o outro, o desejo genuíno de ser útil e amoroso para alguém que porta um sofrimento indizível, o medo de ser o causador de uma revelação desastrosa e a agonia que já prevê a dureza de não poder falar com ninguém.

    Acontece que portar um segredo é uma perda muito dura de ser sustentada por quem é seu guardião. Quem tem um segredo não precisa somente deixar de falar daquele conteúdo com o mundo. Se fosse apenas isso, talvez fosse menos penoso. Guardar um segredo é perder um pedaço da sua espontaneidade com as pessoas. Porque, afinal, ninguém pode desconfiar que você sabe o que não deveria saber. Então, há uma energia enorme investida em colocar a cara mais neutra, o "não sei" em forma de argumento vazio, e às vezes até mentir para poder omitir. Os outros não podem perceber o que precisa continuar no calabouço do silêncio. Assim, somente uma alternativa há: abrir mão de estar com as pessoas, não estar com elas de um jeito tão fluido quanto antes de o segredo existir, fugir de determinadas conversas etc. O segredo é um pedido de fuga iminente diante das cenas mais comuns do cotidiano.

E, claro, essas estratégias para fingir que não se sabe do segredo são ineficazes em grande medida, porque ninguém consegue ter tanta habilidade o tempo todo para parecer ser algo que não é. Somos atravessados por nós mesmos, e em toda a pessoa que guarda um segredo há também uma parte que sonha com o momento da revelação. Não raro, quando um segredo é revelado, pode acontecer uma hecatombe na família, no grupo dos amigos e até mesmo numa comunidade inteira, mas quem guardou aquele conteúdo por tanto tempo sentirá o alívio no segundo seguinte ao da revelação.

O final da história que Cláudio nos conta é a melhor lição sobre um segredo: ele encarcera na mesma masmorra todas as pessoas que dele sabem, sem exceção. Quando não estão ali, também, aquelas que não foram convidadas para sabê-lo, porque perdem a possibilidade de realizar ações que pudessem contrastar o impacto da revelação. Olho para essa história e vejo também um desejo inconfessável, tal qual o segredo: o de que nada daquilo fosse verdade, o de que a morte não estivesse rondando o corpo da Cynthia. Porque a palavra, quando é dita em voz alta (e portanto muito mais do que somente algo que se pensou), faz o mundo acontecer de alguma maneira. Tudo o que se diz ganha outra materialidade; a linguagem convida um mundo a existir. Quando eu digo "o câncer voltou", estou dizendo que posso morrer. Quando escondo isso de alguém, também estou ali apostando no desfecho oposto.

A promessa de sempre dizer o que precisa ser dito é um convite a não somente relações mais íntimas, mas também a momentos que podem doer. Cláudio e seus pais viveram ambas as situações de ocultar e revelar, e parece que preferiram, com grande folga, a vitória da revelação sobre o silêncio produzido pelo segredo.

Lá no fundo, eu agradeço a todos vocês: Cláudio, Ig, seu pai e Cynthia. Porque agora essa história passa a ser mais do que uma revelação. Ela passa a ser um patrimônio coletivo, compartilhado por pessoas que se sentem tocadas pela força que ela contém. Nós, seus leitores, passamos a ser guardiões da história de uma família que sempre se portou com a beleza de ser uma eterna aprendiz.

20

Não sei se já existem estatísticas do impacto do isolamento social sobre a saúde dos idosos, mas tenho convicção de que muitos, como a minha mãe, padeceram devido à quarentena severa que se fez necessária por conta da pandemia. Minha mãe não morreu de covid, mas a quarentena contribuiu decisivamente para o seu declínio físico e mental.

O isolamento em si não era uma novidade para a Ig. Ela amava estar sozinha e abominava visitas. Mas o seu mundinho, que ela tanto amava, incluía caminhadas semanais ao banco, ao mercado e à feira. Essas atividades eram fundamentais na manutenção do seu preparo físico e saúde mental, pois permitiam que ela se reconhecesse em plena condução da própria vida.

Desde o tratamento para a hepatite, ela foi pouco a pouco se conscientizando de que a manutenção da sua autonomia dependia de estar aberta a pequenos e significativos gestos de colaboração. Fisicamente bem mais fraca e já com mais de noventa anos, ela precisou aceitar, por exemplo, que alguém a ajudasse a voltar com o carrinho de feira lotado até o edifício em que morava. Acho bonito ver a pequena e afetuosa rede de cuidados que se formou ao seu redor. Na maioria das vezes era o moço da banca de flores quem se prontificava a levar o carrinho, mas houve outras pessoas, quase desconhecidos. Eu sei que, para ela, aceitar esses cuidados não era fácil, mas era como se o antigo refrão "preciso resolver as minhas coisas sozinha" viesse agora acompanhado do pensamento: "Aceito a ajuda, mas continuo sendo responsável por ir à feira e escolher exatamente o que eu quero".

Tudo isso mudou em março de 2020. A pandemia nos alcançava, e ela não poderia mais sair na rua. O seu mundinho foi abruptamente amputado dos seus pequenos prazeres e das atividades que lhe conferiam autonomia. Não demorou muito para chegar a notícia de que seis moradores do prédio haviam contraído o vírus. Ficamos em pânico. Eu, meus filhos e minha sobrinha, que a visitávamos ao menos uma vez na semana, precisamos nos ausentar e passamos a deixar mantimentos na sua porta, contando para isso com a preciosa colaboração do Seu Francisco, o zelador, e de outros funcionários do prédio. O jornal, que desde que me conheço por gente era lido por ela de cabo a rabo todo santo dia, passou a ser uma ameaça. Ela sequer o colocava para dentro de casa.

Outro grande problema foi o banco. Ela sabia fazer algumas operações pelo site, mas sempre seguindo anotações do seu caderninho: clica aqui, aparece escrito tal coisa, digita ali...". Mas não é que o banco em questão teve a "brilhante" ideia de mudar o design do site bem no meio da pandemia? Se para um idoso, com pouca familiaridade com tecnologias, mexer num site já é difícil, imagina ter agora que aprender a fazer isso sozinho e remotamente? A insensibilidade bancária não parou por aí. No meio disso tudo, o cartão dela venceu e, acredite: foi cancelado! Ela ligou na agência e informaram que precisava ir ao caixa eletrônico para destravar o novo cartão com a sua digital! Como é claro que ela não iria colocar a sua vida em risco, subitamente se viu também privada de ter o próprio dinheiro em casa para as suas despesas.

Se você leu os capítulos anteriores, já sabe o quanto seria doloroso para ela aceitar meu dinheiro emprestado. Para contornar a questão, meu genro instalou um aplicativo que me permitia mexer remotamente no computador dela. Com isso conseguimos resolver o problema. Eu sacava meu dinheiro, deixava por baixo da porta dela, e no mesmo dia transferíamos para minha conta a quantia correspondente. Se você já conviveu com idosos, sabe o quanto pequenas coisas que fogem à rotina podem ser desestruturantes, e foram muitas as vezes que a vi desesperada por ter que depender de alguém para absolutamente tudo. Vejam quanta dor de cabeça seria poupada se o banco tivesse mais sensibilidade e adotado ações mais inclusivas.

Privada dos pequenos hábitos que lhe davam alegria, ela bravamente procurou preencher o seu tempo e distrair a cabeça de outras formas. Como não era muito de ficar horas vendo televisão, e com medo de ler o jornal, voltou-se inteiramente para os livros. Em pouco meses ela leu todos que havia na casa. Toda a coleção de Jorge Amado, Érico Veríssimo, W. Somerset Maugham e muitos outros.

Por sorte, pouco tempo antes de a pandemia eclodir ela havia comprado um tablet, pois queria ler livros nele. "Eu preciso estar bem atualizada, senão o tempo passa e a gente vai ficando para trás." Por telefone, eu a ensinei a baixar novos livros para que ela lesse nesse aparelho. Ensinei também a baixar um aplicativo do seu jornal favorito. No primeiro caso deu certo, ela até que gostou dos livros digitais, mas ler o jornal no tablet definitivamente não agradou. O jornal de papel vinha com um ritual afetivo meticulosamente cuidado, vivido e decorado por anos a fio: separar com calma os cadernos de cultura, política, atualidades; colocá-los ao lado da cama; acender o abajur; ajeitar os cobertores e, então, passar horas e horas mergulhada ali. Lembro de estar deitado com ela na cama, durante seu tratamento da hepatite, e observar sua íntima relação com o jornal. Virando pra lá e pra cá quando os braços cansavam, dobrando as folhas para se adequarem às novas posições. Uma vez falei que ela não lia o jornal, mas dançava com as notícias. Era disso que ela sentia falta, do encontro com o jornal. Da coreografia, do pas de deux.

 Preocupado com seu preparo físico, passei a enviar por WhatsApp alguns links do YouTube com aulas de ginástica para idosos. Ela gostou muito. Era um bom sinal. Minha enteada Sofia lhe emprestou uma bicicleta ergométrica e foi a melhor coisa que aconteceu para ela em toda a quarentena. Como uma criança cheia de felicidade, ela colocou a bicicleta bem na frente da janela da sala e, quando pedalava, imaginava voar lá para fora. "Me sinto a Mary Poppins" – dizia, feliz da vida.

 Conseguimos levar as coisas assim por alguns meses, e, justamente quando mais parecia que estava recuperando a forma física e a estabilidade emocional, ela adoeceu. Era o começo do fim. Inicialmente achamos que fosse tristeza ou uma depressão. Que a falta de autonomia e da sua rotina, somada ao isolamento, a tinha derrubado. Assumimos o risco de que visitá-la seria menos nocivo do que ela permanecer isolada, mas muito rapidamente suas forças se esvaíram. Estava claro que não bastaria ser visitada. Ela não tinha condições físicas de ficar sozinha. Voltei a me instalar na casa dela, revezando com minha sobrinha e minha filha.

 O período de experiência de quatro anos antes foi precioso. Dessa vez eu já sabia fazer canja, sopa, e já estava ciente do poder do copinho no auxílio da hidratação.

Numa das visitas do Dr. Carlos, descobrimos que ela estava com uma disenteria que não passava fazia uns dois meses, e que ela não queria nos contar, acho que por vergonha. Muitos exames foram solicitados, e, a cada maratona de medo, expectativa e resultados, mais exames eram necessários.

"Fio, se eu estiver com câncer você vai me contar, né? Por favor, eu tenho o direito de saber o que eu tenho." Eu a lembrei do nosso juramento e ela me pediu desculpas: "Eu sei, fio, sei que posso confiar em você". Senti naquele instante alguma coisa que não sei nomear. Tristeza, orgulho, amor e beleza. Senti beleza. Senti palpavelmente a beleza do momento que estava vivendo.

Passou um tempo, ela me chamou. "Fio, vou te falar uma coisa, por favor não fique bravo comigo. Se for câncer eu não vou me tratar tá? Eu estou cansada, não quero mais... Você me entende?"

Quatro anos antes, com oitenta e nove anos, minha mãe tinha enfrentado um duríssimo tratamento para hepatite C, sem jamais recusar uma única dose do seu remédio. Lutou bravamente pela sua vida porque se sentia forte para continuar vivendo com autonomia e independência. Mas agora ela percebia que não tinha forças para lutar e que, se sobrevivesse, certamente dependeria cada vez mais de nós.

"Eu entendo, Mama. Entendo perfeitamente. Só te peço que não desista caso você não tenha nada grave. Você é lúcida e forte. Não sabemos o que você tem, e acho que você tem condições de viver bem por muitos anos ainda..."

Ela sorriu como quem se enternece com a inocência de uma criança.

20

Uma das metáforas mais gastas para abordar a angústia de existir é a da luta. Estamos em uma batalha contra todas as adversidades, somos guerreiros (ou "guerreiras", adjetivo que as mulheres têm nos ensinado que detestam, porque romantiza a exaustão do trabalho invisível normalmente feito por elas e a assimetria entre os gêneros). Precisamos colocar os planos em marcha. Os desafios vividos são um inimigo a ser vencido. Os vírus são invasores, inimigos invisíveis que nos colocam em xeque-mate e demandam a contrarresposta de nossos exércitos do sistema imunológico. A vida passa a ser, enfim, um campo de batalha.

Embora utilizemos essas analogias para desenhar tantos mecanismos de ação e reação em nossos dias, na hora da morte é difícil que essas palavras nos sirvam com a mesma fluidez. Com a morte, já começamos em nocaute, o luto pode enfim ser um suspiro depois da derradeira derrota. Enfrentar uma doença terminal, então, pode ser o cume da impotência, pois estamos em uma situação em que "nada pode ser feito". (Perceba o quanto essa expressão também inclui a noção de ganhar ou perder a guerra.)

Acontece que viver não é perder ou ganhar. Viver não é resultado, é processo. Viver não é a chegada, é a delícia de experimentar o que se vive com os cinco sentidos e as palavras que nos aparecem para descrever o que vivemos. Os bebês e os idosos são, não por acaso, os autores das cenas dessas duas pontas da vida em que produzir para o mundo não é o objetivo. Perceba como eles aproveitam o tempo: ambos podem passar períodos longos observando o caminhar de uma formiga ou o desabrochar de uma flor. Em um mundo produtivista, eles pertencem àquela parte que tem que ser "cuidada" por aqueles que precisam "se ausentar" da esteira do trabalho para colocar energia em algo que exige muita disponibilidade, paciência, aprendizado e sensibilidade.

Estar com uma idosa, como Ig, pode ser percebido não como uma guerra, mas como a oportunidade de reparar feridas históricas, de viver cenas que derradeiramente ficarão na memória e que podem chamar a delicadeza para perto. A hora de adoecer, de morrer, de se enlutar é a hora de fazer a vida acontecer sem que se esteja num campo de batalha. O que é mais belo na vida não acontece em nenhum bunker. É justamente quando o tempo deixa de existir como o ponteiro do relógio bélico que a vida pode realmente ofertar encantamento diante do caos. Podemos dizer que este livro é sobre isso: sobre a beleza que acontece enquanto Ig luta pela sua vida, enquanto Cláudio luta para que ela permaneça em boa saúde e em condições mínimas de bem viver.

Abandonar essas metáforas de estratégia, luta e guerra é fundamental no momento em que uma pessoa decide não continuar o caminho de qualquer tratamento de uma doença terminal. Não vejo isso como desistência. Mas esse significado está tão entranhado na nossa cultura que Ig precisou se desculpar com seu "fio" Claudinho por "não querer mais". Não querer mais foi uma expressão linda que ela usou, muito coerente com sua forma de ser. Deixar de querer é ser autônomo, é ter o direito de decidir sobre os rumos da vida, inclusive e sobretudo quando ela se aproxima de seu epílogo. Celebro essa história que Cláudio acabou de nos contar, porque ela nos recoloca a palavra certa na hora certa. Ig não desistiu. Cláudio não desistiu de insistir ou de tentar que ela continuasse. Ig escolheu, foi dona de si, dona de sua existência. Cláudio foi respeitoso, ético, acatando a decisão dela, até o fim, como o reconhecimento de alguém que merece ser visto em sua integridade. Cláudio não desculpou a mãe, porque entendeu que não havia o que ser perdoado. Não há erro em decidir terminar com qualquer ciclo. Especialmente quando esse ciclo é a vida mesma.

21

Não conheço a Dona Eunice pessoalmente. Até hoje nós só conversamos por telefone ou por vídeo no WhatsApp, mas ela tem sido muito importante para mim desde que minha mãe adoeceu. Outro dia, falando com ela, eu lhe pedi autorização para contar como nos conhecemos, nos tornamos tão amigos, e como sua escuta delicada se tornou um amparo nesses dias difíceis. Foi assim:

Em meados de 2020 eu estava em casa, no meu escritório, e recebi um telefonema da Patrícia Martins, do projeto Side Walk Talk – Conversas na Calçada. A gente se conhecia desde o ano anterior, quando, junto a outras pessoas e iniciativas, criamos um grupo de escuta voluntária chamado Escutadores Coletivos. A Patrícia me contou que eles estavam com a ideia de criar um projeto de escuta de pessoas com mais de sessenta anos, pois estas, por serem do grupo de risco, seriam as que mais ficariam isoladas durante a pandemia. Acho que nós dois estávamos inspirados porque, em meia horinha de papo, demos contorno ao projeto e o batizamos: Sessenta e Escuta. Com esse jogo de palavras a gente já contava a quem o projeto se destinava e escapava de usar termos tipo "escuta de idosos", que poderiam afugentar aqueles que, como eu, com quase sessenta, não se sentissem idosos, ou tivessem algum preconceito com a palavra.

A Patrícia e seu time de voluntários já tinham detectado que a melhor plataforma seria o WhatsApp, tanto para chamadas de vídeo quanto para de áudio. Acho que foi no dia seguinte que ela voltou a me ligar. Eles já tinham criado o logotipo do projeto e organizado a dinâmica toda: um voluntário receberia todas as chamadas e distribuiria a demanda entre os outros voluntários e voluntárias do grupo. Passamos a divulgar o projeto nas redes sociais e demos algumas entrevistas.

Mais ou menos dois meses de espera depois, finalmente fui notificado de que havia chegado a minha vez de papear com alguém. Uma senhora andava meio ansiosa, sua filha tinha visto uma das nossas entrevistas, achou que seria legal a mãe ter outras pessoas com quem conversar e já estavam esperando o meu contato. Anotei o número, me fechei no meu escritório, dei uns dez minutos de pausa e silêncio e liguei, ansioso. O telefone tocou algumas vezes e uma senhora atendeu do outro lado. Perguntei seu nome: Eunice. Comecei o papo com alguma formalidade, chamando-a de Dona Eunice, e me apresentei. Perguntei se sua filha havia mencionado que eu ligaria. Ela disse que sim, que sabia que alguém entraria em contato, mas percebi que, com toda a razão, ela estava bem ressabiada:

"Olha, muito obrigado pelo telefonema, mas acho que não vou continuar conversando não... Você me desculpe, viu?".

Eu disse, então, que ela tinha toda a razão em estar com um pé atrás, afinal nem me conhecia, e infelizmente a gente ouve tanto falar de golpes pelo telefone que ela tinha mais é que se precaver mesmo. Falei então que o projeto era idôneo, que foi a própria filha dela quem entrara em contato e que... por falar nisso...

"A senhora só tem ela de filha?"

"Tenho só ela não... Tenho o filho tal, que mora em tal cidade, o filho tal, que mora em tal lugar, e o outro que vive em outro estado. Mas me perdoe, viu? Acho que não vamos continuar conversando não..."

"Claro, Dona Eunice. Entendo bem. A senhora tem que fazer o que for confortável para a senhora... É meio esquisito mesmo conversar com um estranho, né?"

"Pois é.... Acho esquisito..." Seu tom mudou, e julguei captar uma criança curiosa em sua voz. "Olha, escute uma coisa. Me desculpe perguntar... Por que você está fazendo isso, de querer conversar comigo?"

"Ah, Dona Eunice... São muitos os motivos, mas vou ser bem sincero. Acho que tô papeando com a senhora porque isso me faz bem... Toda vez que me senti ansioso, conversar me tranquilizou um pouco... Então, quando estou ansioso eu converso pra me tranquilizar, e quando não estou ansioso eu converso pra não ficar..."

Dei uma risada, mas ela não me acompanhou. Parecia estar pensativa. Fez uma breve pausa e então continuou:

"Pois é, ando meio ansiosa... Umas palpitações, tontura... Mas, olha, você me desculpe, não quero te chatear, mas acho que não vamos papear mais não..."

"Tá certo, Dona Eunice", respondi. "Vamos fazer assim: vou dar um tempo pra senhora pensar na ideia, pode ser? Te ligo daqui a uma semana. O que acha?"

E ela imediatamente me disse:

"Uma semana? Mas por que tanto?"

Não desgrudamos mais. Faz quase um ano e meio que proseamos regularmente. Quando digo regularmente quero dizer que nossa irregularidade é bem regular. No início a gente até marcava o dia e a hora do papo na agenda, mas logo isso foi deixado de lado: "Não gosto dessa coisa de colocar conversa na agenda não, parece que tô indo no médico!". Combinamos que o melhor seria a boa e velha informalidade entre bons amigos. Ela me mandaria mensagens ou ligaria sempre que quisesse, e, se eu não pudesse falar naquele momento, avisaria e ligaria de volta mais tarde.

Obviamente não vou entrar em detalhes do que conversamos nesse tempo todo, mas posso dizer que muito rapidamente criamos um espaço de muita liberdade e confiança. Conversamos de tudo, das coisas mais triviais do dia a dia até as questões que mais machucavam a Dona Eunice. Às vezes nossas conversas eram longas, às vezes rápidas, um alô pra saber como ela estava, ou pra desejar um bom dia. Em várias ocasiões, estando com a semana muito corrida, eu apenas mandava um áudio, uma música ou a foto de alguma flor aqui do meu jardim. E isso bastava para que ela não se sentisse sozinha, se sentisse acolhida e soubesse que eu estava perto.

Muitos meses e muitos papos depois, minha mãe adoeceu. Ela estava tão debilitada que passei a me dedicar praticamente em tempo integral aos cuidados com ela. Contei para a Dona Eunice da minha preocupação, e ela passou a ser a escutadora da minha tristeza, da minha dor, do meu cansaço. Rapidamente a minha mãe piorou e foi internada às pressas. Alguns dias depois, estava sentado no sofazinho de acompanhante, com uma tristeza que nem sei dizer, observando minha mãe dormir, e Dona Eunice me ligou. Na correria, eu nem havia contado pra ela da internação. Atendi cochichando para não acordar minha mãe e lhe contei da situação. Pedi desculpas se nos próximos dias ou semanas eu não pudesse atender o telefone. Ela me acolheu incondicionalmente. E, então, aconteceu o pequeno milagre.

Foi a Dona Eunice que passou a me enviar áudios. Com orações, palavras de acolhimento e bênçãos; fotos dela, da sua casa, *da sua família. Dona Eunice sabia que isso bastava para que eu não me sentisse sozinho, me sentisse acolhido e soubesse que ela estava perto.*

Ainda deu tempo de, antes de minha mãe partir, escutarmos juntos um dos áudios com uma oração. A Ig me disse que provavelmente elas nunca se conheceriam, mas que eu agradecesse à Dona Eunice pelo cuidado com ela, e principalmente comigo.

21

Este não é um livro sobre morte. É um livro sobre vida.

Não é um livro sobre o fim da esperança depois da morte. É um livro sobre como fazê-la brotar em algum espaço entre o luto, o vazio e o sorriso.

Existir é um verbo que merece dar espaço a qualquer experiência de prazer, a qualquer momento em que ele for verdade. Enquanto existirmos, nos perguntaremos a que será que isso se destina. E, por essa pergunta ser inevitável, abre-se instantaneamente o panorama a ser desenhado pela alma, pelo desejo e pelo coração. Querer viver é mesmo uma coisa estranha, sobretudo depois de um tanto de vida adulta. Pode ser comum entender que o tesão pela vida tem que arrefecer à proporção que os cabelos brancos, as rugas, os cansaços e as dores se acumulem na cronologia do tempo.

Este livro começa com a morte de uma grande mulher. Uma mulher de mais de noventa anos, que tinha tanta vida em si que precisou de um livro para seu filho começar a se acostumar com sua morte. Eu quero ser como Ig: cheio de paixões, ainda que corram sempre o risco talvez inevitável de esmorecerem. Paixões morrem, mas o coração continua pulsando a vida necessária para produzi-las. Eu tenho paixão por gente. Gente sempre me fez sentir que vale a pena estar vivo. Gente sempre me fez acreditar que temos pouquíssimo tempo de olhos abertos para encontrar toda a grandiosidade e diversidade humanas ao nosso dispor. Gente é meu oxigênio, e estou sempre aberto a experimentar novos sabores de olhares, conversas e abraços.

Esse texto do Cláudio beijou minha alma. Sou assim mesmo, esparramado diante da possibilidade de ter gente ao meu redor, de fazer novos amigos, de encontrar histórias que me desfolhem de alguma certeza ou de um vazio de dúvidas. E sinto que a beleza da humanidade é que um encontro genuíno tem o poder de derreter desconfianças. Claro, quem desconfia tem seus motivos para tanto; eu acredito em traumas, cicatrizes, violências e todo tipo de horror que nós, humanos, podemos conferir aos semelhantes. Mas acredito igualmente na possibilidade de o encontro, inclusive entre estranhos, ser o catalisador do melhor remédio para o desalento. Na cena do telefonema de Cláudio para Dona Eunice, que é tão delicada, vejo meu amigo puxando conversa com sua interlocutora desconhecida com aquela mão no queixo, o sorriso nos lábios e o olho querendo ver por baixo dos óculos míopes. Acho mesmo que essa é uma das coisas que nos uniram na vida e na escrita deste livro: somos encantados por encontros humanos.

Não há idade para fazer da existência um espaço recheado de sentido e com cobertura de olhos marejados de emoção. Entre as dores e os espantos há de haver aquele cantinho em que, do nada, a gente possa pegar o tempo pelas mãos, como uma concha, e puxar um novo fio de vida que nem sonhava se realizar. Não há idade para começar uma nova amizade de infância. Não há idade para escolher gente para passar o recreio juntos. O agora é o único momento disponível para a vida se refundar. Esta história aqui é uma das formas pelas quais podemos fazer acontecer a crença no tal feliz ano-novo. Porque *Réveillons* existenciais podem explodir a qualquer instante. Começar uma nova história é uma prerrogativa do tempo, e é com o coração que a gente decide isso mesmo. Se formos escutar a tal voz da razão, ela pode estar mofada com ideias aprendidas sobre "você não tem mais idade para isso". O coração pulsa, esquenta as veias apertadas pelo medo e diz: "Vá lá, chame aquela menina ali para conversar". Essa menina pode ser Dona Eunice. Ou pode ser Ig, essa menina que no meu coração eu chamarei para conversar até o fim dos meus dias – sem tê-la conhecido em carne, osso e fofura.

22

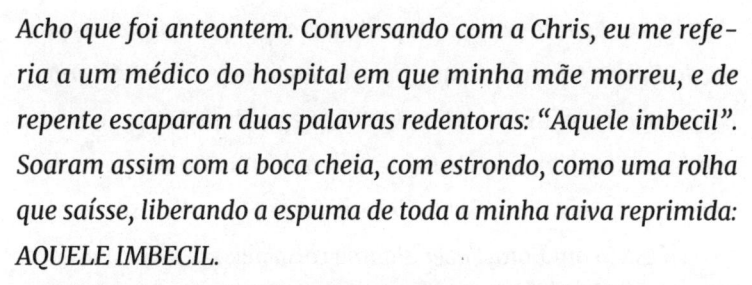

Acho que foi anteontem. Conversando com a Chris, eu me referia a um médico do hospital em que minha mãe morreu, e de repente escaparam duas palavras redentoras: "Aquele imbecil". Soaram assim com a boca cheia, com estrondo, como uma rolha que saísse, liberando a espuma de toda a minha raiva reprimida: AQUELE IMBECIL.

Olha... preciso dizer uma coisa: foi uma delícia! Na mesma hora, senti no corpo e no coração uma coisa que posso chamar de prazer. Embalei a desabafar aos borbotões sobre todo o nosso sofrimento enquanto estivemos sob seus (des)cuidados. Falei do descaso, da arrogância, da falta de educação, da insensibilidade. Falei que o tempo todo eu me via tendo que dar voltas, medir as palavras pra conseguir uma mísera informação e o quanto eu tinha que ser diplomático porque temia (ou sabia?) que toda a energia ruim que fosse produzida na minha relação com ele acabaria por desaguar na minha mãe. Acho que gastei todo o meu empenho empático para compreender as atitudes dele. Mas não foi mero altruísmo, confesso. Eu precisava acessar ao menos um cisco de compreensão para que esse cisco me ajudasse a não estourar de nervoso lá dentro.

- Cisco de compreensão para a falta de informações: "Deve ser difícil atender tantos pacientes...".
- Cisco de compreensão para a rudeza: "Esse cara deve estar exausto". Ou "Acho que eu é que estou muito sensível". (Que merda, o cara sendo bruto, respondendo com monossílabos, e eu ainda por cima colocando a culpa em mim mesmo...)
- Cisco de compreensão para a ausência de sensibilidade, delicadeza ou afeto: "Eles, os médicos, devem aprender a se manter distantes para que não se contaminem emocionalmente".

Dou aula para palhaços e palhaças de hospital de várias partes do Brasil. A pergunta que invariavelmente esses profissionais mais escutam é justamente esta: "O que vocês fazem para não se contaminarem emocionalmente com o sofrimento das pessoas?". E a resposta que mais escuto deles é: fazer alguma coisa.

Aí está o antídoto. Fazer alguma coisa pelas pessoas. Palhaços e palhaças sabem que não têm como acabar com a dor do mundo, curar as doenças e os sofrimentos, mas podem fazer alguma coisa. Fazer alguma coisa, ainda que essa coisa seja apenas oferecer a sua presença. Engana-se quem acha que os palhaços vivem de piadas. Os palhaços vivem de encontros. Vivem de criar fragmentos de conexão profundamente humana. Isso pode não curar a doença, mas pode atenuar a desesperança, a solidão, o desamparo. Fazer alguma coisa, ainda que na brevidade de um sorriso na porta de um quarto, é o que nos previne de confundirmos a arrogância da piedade com a verdadeira compaixão. Esse é o melhor, senão único, antídoto para a contaminação emocional.

Os médicos deveriam ser alertados para este aparente paradoxo: fazer algo pelas pessoas, e não pelos pacientes, é que pode ajudá-los a não se contaminarem com o sofrimento de cada pessoa, *de cada quarto, de cada UTI. Estou falando por mim: sempre que minha alma esteve adoecida pelo adoecimento de alguém que eu amava, o que mais precisava era de um instante de encontro. Uma experiência de humanidade que me socorresse do total desamparo.*

Em 2011, quando perdi meu pai, sofremos tanto no hospital, nos sentimos tão à deriva, que ficou claro que tão ou mais importante do que ter um plano de saúde seria ter um médico a quem pudéssemos recorrer. Logo em seguida, indicado por um amigo, conhecemos o geriatra Dr. Carlos, que passou a ser oficialmente o médico da minha mãe, e rapidamente se tornou o médico de todos nós. Minha mãe, que odiava qualquer assunto relacionado a médicos, o adorava. Ela o chamava de "O meu anjo". O Dr. Carlos não é o médico dos doentes da família. É o médico das pessoas da nossa família. Posso afirmar que sem ele teríamos sofrido muito mais agora na despedida da Ig. Foi ele que, mesmo sendo absolutamente cuidadoso para não desrespeitar as decisões médicas que vinham lá de dentro do hospital, tentava nos ajudar a entender o que estava acontecendo.

Mas esses hospitais de plano de saúde – e que fique claro que essa é uma percepção absolutamente pessoal – são uma espécie de kryptonita que neutraliza os superpoderes de qualquer médico vindo de fora. Médicos particulares não parecem ser bem-vindos ali. Quando o quadro da Ig se agravou de vez, pedimos que um especialista em fígado pudesse vê-la, e era claro o quanto ele, na única vez que esteve lá, andava como se estivesse num campo minado, escolhendo palavras para não ferir nem alterar os humores.

Toda a estrutura desses hospitais de plano de saúde, e estou me referindo, claro, às minhas experiências, é muito desumana, e parece ser feita para dificultar ao máximo o contato entre médicos e familiares. Fica no ar uma desagradável sensação de que eles têm algo a esconder e que alguns procedimentos não estão sendo realizados para tratar do paciente, mas para atender a outros interesses do hospital. Soma-se a isso a deficiente formação médica no que diz respeito ao cuidado humano. São raríssimas as faculdades de medicina que oferecem cursos de desenvolvimento de habilidades do cuidado, como empatia, escuta, compaixão, amor. O resultado é que infelizmente alguns médicos não parecem se encontrar com pessoas, mas com pranchetas, prontuários. A universidade da Flórida produziu uma pesquisa e colheu um dado bastante elucidador: em média, os pacientes são interrompidos pelos médicos depois de míseros onze segundos. No que eles estão focados?

Bem diferente disso é a relação entre pacientes e corpo de enfermagem. Me parece que esses profissionais, por lidarem literalmente com fluidos vitais dos pacientes, sangue, urina, fezes, lágrimas, não se esqueceram de que quem está aos seus cuidados são seres humanos e não pranchetas.

Mas, justiça seja feita, quando minha mãe teve hepatite C, quatro anos antes de morrer, precisamos ir semanalmente ao hospital pra fazer transfusão de sangue e conhecemos lá um profissional muito humano. Eu ficava bobo com a atenção com que ele tratava todas as pessoas. De alguns pacientes, que, como minha mãe, voltavam recorrentemente, ele sabia o nome, perguntava como estavam. Outros ele recebia sempre com uma palavra amigável, um elogio, um sorriso sincero, votos de melhora. Um dia tomei coragem e falei pra ele o quanto eu achava bonita a forma como ele se dedicava a cada pessoa. Ele agradeceu e me disse: "Ninguém vem ao hospital porque quer, vem porque precisa. Porque não está bem. Tenho certeza de que uma palavra boa já ajuda um pouco a pessoa". E então concluiu: "Pra mim, o tratamento começa aqui, comigo".

Dr. Rogério, como passei a chamá-lo, era o porteiro do hospital.

22

A hora da morte é a hora de poder encontrar, finalmente, a expressão contida por tantas vozes que nos pedem adequação, trazê-la para o sol ou para a escuridão e fazê-la sair, no volume e na intensidade que o sentimento pede. Gritar de dor, chorar de raiva, descabelar de desespero. Tudo é parte da nossa humanidade, e a morte é o desalinho dessa condição que se equilibra entre cordas bambas antes de ela passar. Na desarrumação da alma, podemos dar passagem a dores que ficaram retidas na alfândega dos medos. Medo de ser injusto. Medo de ser inadequado. Medo de parecer uma pessoa pior. Medo.

E a morte passa, e lava mesmo esses medos em alguma medida. Saem os palavrões, as raivas contidas, as dores que não puderam ser conversadas. O hospital é um espaço que faz par com os abafamentos internos – paredes brancas, placas de silêncio, como se tivéssemos apenas que deixar os gritos de dor dos pacientes ocuparem os corredores, os quartos e leitos. Mas não. Os acompanhantes entram supostamente bem lá dentro, e não raro saem com dores para serem elaboradas: a impotência sobre a dor de quem amamos, o medo da morte, os problemas com a assistência, a exaustão dos cuidadores familiares que se sentem sozinhos e malvistos por quem poderia alternar essa função tão exigente. É parte da humanização dos serviços de saúde no Brasil a possibilidade de pacientes e seus acompanhantes poderem ser escutados em suas dores da alma. Há vários hospitais muito bem preparados para isso, tanto na rede privada quanto no SUS. (Aliás, viva o SUS, exemplo mundial de rede de assistência integral à saúde humana.)

Mas isso é só uma parte. Acompanhar alguém morrer é talvez a tarefa mais densa de uma existência inteira. E não é possível que nós, aqueles que estão do lado de fora dessa história, coloquemos filtros na expressão de quem passa por isso. Eu desejo que você, que nos lê, possa se convidar a escutar as raivas, os medos e as tristezas das pessoas que são obrigadas pela vida a testemunhar a chegada da morte. Não precisa saber o que dizer. Rubem Alves, aquele que tanto sabia sobre tantas coisas, dizia: melhor do que falar bonito é escutar bonito. Precisamos, na hora do morrer, da morte e do luto, de gente que se disponibilize a escutar bonito.

E escutar bonito é ter olhos que dão permissão, sem julgamento, aos transbordamentos emocionais. Aquele imbecil. Escutar bonito é deixar essa palavra sair. Este livro inteiro é isso: Cláudio me ajudando a aprender um pouco mais sobre o encontro imprevisível e bem-vindo da escuta com qualquer palavra, lágrima, grito ou silêncio que queira chegar – desse jeito estranho que a vida e a morte fazem, assim meio sem avisar.

23

A morte da minha irmã, em 2009, rompeu uma tradição familiar: em casa não se falava sobre os mortos. Eu pouco sei dos avós paternos que morreram antes de eu nascer, dos tios e tias. Quando eu perguntava, por exemplo, sobre a minha prima Denise, que tinha a mesma idade que eu, com quem convivi na infância e que morreu de câncer aos seis anos, o assunto era imediatamente desviado. Pouco se falou também das minhas tias que conheci e com quem convivi por anos.

Mas com a minha irmã foi diferente. Meus pais jamais deixaram de falar dela, de lembrar casos, situações, e várias vezes fiquei surpreso ao ver minha mãe, principal silenciadora da memória dos mortos, falando coisas do tipo "Acho que se a Cynthia estivesse viva faria isso" ou "acharia aquilo". Muitas vezes ela falava esse tipo de coisa e se emocionava, se entristecia, mas viver a tristeza era uma forma de mantê-la entre nós.

É claro que somos fruto da herança de nossos ancestrais e que eles permanecem em nós mesmo que não tenhamos consciência disso. Mas o que faz nossos mortos permanecerem vivos é honrar e partilhar suas histórias.

Lá em casa, antes da morte da minha irmã, os mortos morriam para sempre.

23

Os mortos não levam consigo
    as palavras que você pode dizer sobre eles.
    Morrer é deixar de ser aquele corpo e passar a ser a falta desencarnada.
    Por isso, não deixe que as palavras morram com os mortos.
    As palavras são o que temos para viver, depois de qualquer morte.
    Falemos inclusive através das escuridões, dos rostos úmidos e das noites em claro.
    Se a morte é uma ladra que nos surrupia amores, o que sobrevive e resiste é o sopro de vida, que é muito mais do que o vento de nossas bocas.

24

Cerca de quinze dias depois que minha mãe morreu, eu e a Chris, minha esposa, levamos um grande susto: um exame de rotina apontava que ela poderia estar com câncer. O mundo desabou sobre nós. Tivemos que atravessar uma longa jornada de muitos outros exames até que, um mês depois, finalmente recebemos o resultado que nos tranquilizou. A Chris estava bem.

Movida pelo susto, ela tomou uma decisão. Pegaria todo o dinheiro guardado para uma previdência e compraria um terreno com nascentes. Esse era um sonho dela desde a adolescência, e o susto a havia mobilizado para torná-lo real. Admito que fui absolutamente desagradável e disse que não conseguiria me juntar a ela nessa ideia. Eu tinha acabado de perder minha mãe, ainda estava me recuperando do susto com a saúde dela, tinha muito trabalho e preferia cuidar da nossa casa. Mas ela estava decidida, já tinha falado com uma das suas irmãs, que topou ser sócia, e já tinha se informado sobre um terreno em Minas Gerais. Comigo ou "sem migo" ela compraria a terra.

Muito a contragosto, acabei topando conhecer o terreno no fim de semana. Lembro de estar bem mal-humorado durante todo o caminho, mas foi chegar lá, colocar o pé na terra e a irritação se dissipar. Fazia muito tempo que eu não olhava o horizonte, não escutava o som do vento. Nasci e cresci em São Paulo, sempre me senti bem mesmo distante da natureza.

Eu estava absorto andando pelo terreno quando o corretor nos chamou. Andamos por uma pequena trilha, e então ele apontou para uma rocha. Custei a entender o que ele queria que eu visse, mas então meu coração disparou. Por debaixo da pedra, vi brotar um veio d'água. Uma nascente.

Só senti emoção parecida quando nasceram os meus filhos. Eu ali, maravilhado, presenciando o milagre da vida. Num mundo com tantas mortes pela pandemia, num Brasil governado pelo pulso de morte e de ódio, sofrendo com a recente morte da minha mãe, fui presenteado pela água que brota do fundo da terra.

Não voltei a ler nenhum dos textos que já escrevi neste livro. Depois que os compartilho com o Alê no Drive, não os leio mais. Não quero cair na tentação de editar com a cabeça o que brotou como a água, do fundo do coração. Mas sei que em vários textos eu reclamo do excesso de trabalho neste tempo doído de lidar com a morte da minha mãe. Meses depois – parece mentira, já faz dez meses... –, percebo que boa parte da minha reclamação era para não aceitar que os veios de vida continuam jorrando por debaixo das pedras. Reclamar do trabalho era uma forma de negar que, estranhamente, a vida continua sem a Ig.

Hoje, ao acordar, tomei coragem, abri a janela e olhei atentamente para o pessegueiro. Me detive ali, olhando para ele, e dediquei, do fundo do meu coração, aquele momento para a minha mãe. A arvorezinha está sem nenhuma flor agora, mas honestamente não senti falta das flores. Sei que logo elas estarão lá, brotando na ponta dos pequenos caules. Não sei como será ver a árvore amanhã, mas hoje meu coração está tranquilo.

24

Quando Cláudio pensava que sua alma estava em estado morrente, veio a natureza e o presenteou com uma nascente. O livro está acabando, este é o penúltimo capítulo, e penso que não haveria melhor imagem para este momento quase derradeiro de nosso encontro com você. Eu falo com você, que está em luto recente. Ou com você, que perdeu gente amada há muito tempo. E também falo com você, que se considera uma pessoa protegida, por até agora não ter perdido ninguém próximo. Todos os vocês se encontram aqui, nesta nascente, com o Cláudio e comigo. Eu, você e esse "fio" amado de Ig. Nós, juntos, abraçados, tentando entender como ficaremos depois que nos despedirmos deste livro, que é uma mistura de morrência e nascência.

Diante da água que não desiste de nascer, podemos recordar que nestas páginas fomos lidos pela morte e pela vida, fomos Ig e Cláudio, sentimos silêncio em cheiros agridoces e choramos futuros com algum espasmo de esperança. Não encontramos certezas, não lidamos com premissas falsas, quisemos sempre mais respostas do que jamais poderíamos encontrar. Uma das únicas âncoras foi mesmo o sal da terra, que é a água da compaixão que Cláudio teve em abundância para ofertar à mãe, e, como se isso não fosse o bastante, depois de sua partida ainda deixou um tanto para mim, para você e para o mundo.

As águas estão em você. Elas brotam de dentro do seu corpo, em sal de limpar olhos. Elas cantam a poesia da palavra, que é nuvem que precisa ser trovão de vez em quando. Tudo o que é úmido consegue dialogar com a aridez: o mar e a areia, a saudade e a raiva, a lágrima e a morte. Somos águas que brotam como jorros de cachoeiras, como copinhos discretos que querem embebedar desilusões. A morte é brisa tormentosa, que pode passar com serenidade, mas deixa sempre revolto o corpo de quem fica, e quiçá em intensa revolta.

Eu agora quero abraçar você, que nos acompanhou até aqui com tanto amor. Sinta o meu abraço sem hora para terminar. Pode fechar os olhos e deixar sua cabeça submergir em meus ombros – eles contêm ouvidos abertos para acalentar qualquer matéria falada ou calada. Estou te abraçando. Estou aqui. Ao seu lado. Sabendo que em você há morte, há saudade, há futuro, há raiva, pode haver ou não um Deus, mas não deixará de existir jamais um olhar que se espante com uma nascente. Ainda de olhos fechados, ainda sentindo meus braços contornarem seu corpo, você tem as águas de molhar o nome de qualquer nascente. Ela pode ser um amor, uma nova causa por que lutar, o reencontro com gente que não está por perto mas que nunca deixou de morar do lado de dentro da vida corrida. A nascente pode ser uma terra nova, um trabalho novo, uma conversa fiada antiga. Nascer é inevitável, ainda mais depois da morte. Por isso eu te abraço: porque há vida úmida esperando para correr seu novo fluxo, misturando o cordão umbilical da grande novidade com a água salgada da falta que a morte deixa em nós.

Obrigado por tanta confiança em nós, ao longo destes capítulos que já foram lidos. Agora é hora de se despedir de Cláudio e Ig, esses dois mares generosos que nos deixaram um carrossel de slides de cenas que nos conduziram na dança instável e irremediável da finitude e seus sucedâneos momentos, sem medo de nada que não fosse vida.

Cláudio, meu abraço é seu, meu irmão tão amado. Nós, seus leitores, somos agora esse misto de alteridade e intimidade, num abraço que tudo sabe um do outro sem sequer saber bem se o coração está descompassado pela morte ou pela vida. Esses somos nós, depois do toque de flor de pessegueiro que foi este livro. Eu fico por aqui, termino aqui minha parte ao seu lado, deixando para você as últimas palavras, assim como foram suas as que abriram o leque das memórias em pétala.

Você é amor. Ig também é, e sempre será.

Somos seus pares, na vulnerabilidade suprema do encontro com a morte que tanto tememos. Mas, depois deste livro, saberemos, pelo menos até o próximo esquecimento, que ela pode ser o prefácio das palavras que se sentem urgentes e se fazem nascente.

25

Hospitais são lugares em que o tempo passa diferente. Estamos tão focados nos cuidados que parece que estamos em outro universo com seu próprio tempo e densidade. Depois de cerca de mais ou menos cinco dias em tempo hospitalar (pode ser que lá fora tenham se passado mais ou menos dias), a Ig começou a dar sinais de que não estava mais aguentando aquela situação. Aguardávamos ansiosamente os resultados de mais exames para que os médicos nos falassem um mínimo roteiro do que aconteceria nos próximos dias.

Ela estava no limite. Não aguentava mais o mal-estar, a rotina de remédios, injeções, soro e o constrangimento de ter alguém que lhe desse banho. Alguns enfermeiros e enfermeiras, no desejo de serem extradelicados, falavam com ela como se ela fosse uma criancinha, fazendo até vozinhas infantis. Ela sorria amarelo, que era o máximo que conseguia para não ser indelicada, mas era claro que estava bufando por dentro. Irritada, passou a evitar ao máximo conversar com qualquer pessoa. Respondia qualquer pergunta com monossílabos.

Como nesses primeiros dias ainda era capaz de ir ao banheiro sozinha – bastando a minha ajuda –, combinamos que não chamaríamos a enfermagem, procedimento que seria o correto e que nos foi claramente colocado. Pode parecer bobagem, mas a possibilidade dessa pequena contravenção reforçou muito nossa cumplicidade. Nos sentíamos como crianças tocando a campainha do vizinho ou como Bonnie e Clyde. "Vamos bem devagar, Mama. Prefiro que a polícia nos prenda do que você caia!"

Uma vez a polícia/enfermeira nos pegou em flagrante. E tomamos, com razão, uma bronca daquelas. Com um detalhe: eu tomei bronca com voz normal, e minha mãe com voz infantilizada. Depois que a moça saiu do quarto, eu, como uma criança birrenta, a imitei falando grosso comigo e fininho com a minha mãe. Rimos tanto disso...

Numa dessas idas clandestinas ao banheiro, eu estava do lado de fora da porta e comecei a estranhar a demora da Ig. Escutei então um lamento. Abri a porta correndo e a vi sentada no vaso aos prantos. Um choro fundo, sentido... O avental de paciente com desenhinhos azuis havia escorregado até seus calcanhares. Era a primeira vez na vida que eu via a minha mãe nua. Mas nem eu nem ela ligamos para aquilo. Nunca vou conseguir explicar a beleza da cena, por mais que eu tente. Mas uma cena tão triste, por que tão bela? Porque não era o corpo da Ig que estava nu. Era sua alma, alma de gente. Alma despida.

Sem falar nada, eu lentamente a vesti enquanto ela chorava sem parar. Ajudei-a a se levantar e nos abraçamos. Senti seus braços circundando meu corpo com toda a sua força. Com tudo que lhe restava de forças.

Alguns dias de tempo hospitalar depois, finalmente chegaram os resultados dos exames que ansiosamente esperávamos. Conversei com o médico – aquele lá –, que a essa altura estava um pouco mais acessível. Liguei em seguida para o Dr. Carlos e para o especialista. O quadro era irreversível. Entre várias complicações em série e coligadas, a principal era a de que muito provavelmente minha mãe tinha um tumor maligno bem grande no fígado. Digo muito provavelmente porque seria necessário outro exame, bem mais invasivo, para a confirmação definitiva, e a Ig já tinha deixado bem claro que, se ela estivesse com câncer, naquela altura do campeonato, não se trataria. Não havia por que fazer o exame, portanto.

Dei a notícia aos meus filhos e à minha sobrinha. Não houve nenhum choque. Todos já esperávamos por algum diagnóstico parecido. E todos também apoiavam as decisões da Ig, quaisquer que fossem. Eu precisava agora contar para ela, mas nesse dia minha mãe dormiu quase o tempo todo. Foi bom porque eu precisava de um tempo para me preparar para a conversa. Como se isso fosse possível.

Em algum momento do dia seguinte – realmente não lembro se foi de dia ou de noite –, a Ig estava bem acordada, eu me sentei na sua cama, com o coração pulando, e disse que os resultados haviam chegado e que eu tinha conversado com os médicos. Ela escutou em meu rosto a gravidade do que eu ia dizer e já sabia de tudo quando dei a notícia. Comecei a chorar muito e fiquei com muita raiva de mim mesmo por isso. Pedi desculpas o tempo todo por não ter conseguido falar com mais serenidade. Ela, ao contrário, estava absolutamente tranquila. Lindamente enxugava minhas lágrimas com as mãos sem nenhuma vez dizer "não chora não, fio". Apenas me acolheu sorrindo, e seu sorriso me dizia com todas as letras: "Está tudo bem, fio, está tudo bem".

O câncer, bicho-papão de uma vida toda, não lhe causava mais nenhuma assombração. Exausta e exaurida, já fazia tempo que ela manifestava o desejo de morrer. O câncer, naquele momento, não era mais um inimigo, mas um veículo para o seu descanso.

Mais calmo, eu lhe disse que havia a possibilidade de fazer quimioterapia caso fosse mesmo um tumor maligno. Ela sorriu agradecendo e balançou negativamente a cabeça. Passado um tempo que não sei precisar de silêncio, ela me olhou e disse:

"Obrigada, fio, por ter me contado a verdade".

Nesse instante o mundo passou a se resumir a nós dois. Não tenho na memória imagens que emoldurem o encontro e toda a conversa que tivemos em seguida. Não há hospital, nem quarto. Nem nada. Há eu e ela.

Perguntei se ela não preferia ir para casa, ser medicada lá e ficar com seus gatos. Ela respondeu enfaticamente que não. "Não vou fazer isso com eles de jeito nenhum. Eles já devem estar estranhando minha falta. Voltar pra casa e morrer em seguida seria abandoná-los duas vezes." Ela ficou um pouco pensativa, olhando para a parede, e com o mesmo ar sério me fez um pedido: "Por favor, fio, não deixe que me deem nada que prolongue minha vida, nada. Nem remédio, nem injeções, nada. Não quero mais saber de médicos na minha volta, estou cansada. Eu não quero mais, entendeu?".

Entendi, claro. O verbo "viver" estava oculto depois de "não quero mais". Ficamos em silêncio. Sentia sua mão na minha. Só isso. O silêncio, sua mão na minha.

"Desculpa, tá, fio? É que eu não aguento mais", ela me disse, e, mudando instantaneamente de expressão no rosto, me perguntou, como se fosse uma criança levada pedindo desculpas pro pai: "Você está chateado comigo?".

Não sabendo se ria ou chorava, meu coração optou pelos dois. "Não estou chateado com você não, Mama, tô é muito triste... Mas tô chorando também porque estou achando muito bonito o quanto a gente confia um no outro..." (Nos dias seguintes, quando qualquer pessoa entrava para medicá-la, ela só me apontava e dizia: "Meu filho sabe o que eu quero".)

"Pode confiar, Mama. Eu vou zelar para que você só tome remédios pra dor, mais nada."

De repente, fui novamente apanhado por uma grande onda de choro. Senti a mão dela apertar a minha pra me consolar, mas eu não chorava só de tristeza. Eu me sentia imerso num grande mar de amor.

"Não é só tristeza não, Mama... Tô chorando de beleza... Tô achando muito bonito isso, nosso ciclo... Por amor você me fez nascer, e por amor eu te ajudo a morrer."

Silêncio.

Eu e ela.

Não tem quarto, não tem chão, não tem cama, não tem hospital, não tem tempo, não tem nada.

De repente, rompendo o silêncio que nos envolvia, ela tapou os próprios lábios com as mãos, num gesto de quem está absolutamente perplexo.

"Fio!..."

Ela fez uma breve pausa. "Agora eu entendi... eu entendi..."

Ela estava surpresa como quem de fato acaba de ter uma revelação.

"Entendeu o quê, Mama?", perguntei, curioso.

"Eu andei muito brava nos últimos dias, fio, muito brava."

Respondi que havia percebido e comentei do dia em que ela chorou no banheiro. "Mas o que você está aguentando, Mama... Todo o seu mal-estar, remédios, injeções, como não ficar irritada?"

Ela balançou a cabeça, dizendo que não era exatamente isso que a irritava.

"Eu estava brava com Deus, fio. Muito brava com Deus. Brava porque ele não atendia meus pedidos para me levar logo... Mas agora eu entendi, fio. Agora eu entendi."

Ela voltou a tapar os lábios com as mãos. Estava verdadeiramente perplexa com a descoberta.

"O que você entendeu, Mama?", repeti a pergunta.

"Eu entendi por que eu estava demorando tanto tempo para morrer, fio."

E, com os olhos cheios de amor e encantamento, ela me disse:

"Eu estava demorando para morrer para que nós tivéssemos tempo de ter esta conversa que estamos tendo agora."

Agradecimentos

No final de sua vida, quando não encontrava palavras para expressar o tamanho da sua gratidão, minha mãe apenas nos olhava e dizia: a palavra que não existe.

A palavra que não existe de todo o coração à Chris, minha companheira, esposa, amiga, por todo o cuidado, amparo, amor; com sua sensibilidade, a Chris também nos ajudou a construir um subtítulo que traduzisse o que vivemos e escrevemos.

A palavra que não existe às pessoas que trabalham no Edifício Solar de Itapuã, por todo o amor e carinho que dedicaram à minha mãe nesses anos todos.

A palavra que não existe à minha amiga Mônica Malheiros, pelas sessões de jin shin jyutsu que deram um pouco de paz à minha mãe nos últimos dias.

À querida amiga Mila Torii, por seu apoio afetivo e conselhos médicos que me deram um chão para pisar e percorrer naqueles dias de escuridão.

Ao Dr. Carlos de Pastena, nosso médico da família, pelo cuidado profissional, e antes de tudo humano, com a minha mãe e com todos nós.

À Sofia, que ao emprestar a bicicleta ergométrica possibilitou à minha mãe momentos de voo na quarentena.

A Bianca e ao Sabri que nos ajudaram a cuidar dos gatos naqueles primeiros e difíceis dias.

À Luiza e ao Adriel que me pouparam da tarefa dolorosa de embalar os pertences da Ig, tão cheios de memórias.

Ao amado Felipe Brandão, nosso editor, que sonhou este livro em primeira mão.

A palavra que não existe ao Alexandre Coimbra, amado, a quem as palavras que não existem sempre ocorrem, lá do fundo de sua alma, em forma de poesia.

— Cláudio

Agradecimentos

Terminar um livro como este é um ver nascer em mim um broto de vida. Porque sim, a palavra compartilhada com o Cláudio fez acontecer mais perguntas, mais lágrimas, mais esperanças – e tudo isso junto eu costumo chamar de vida. E como estamos aqui num exercício de colocar nome naquilo que parece inominável, é belo dizer: este livro fez a vida renascer em mim, em imensas dimensões. Sou um aprendiz eterno desta condição de desentender o que não tem resposta certa, de reaprender caminhos novos e de falar quando pareço ter só silêncios a ofertar.

Por isso, Cláudio, obrigado pela vida que esta aventura fez acontecer neste meu corpo que, hoje, celebra a nossa existência juntos por meio destas páginas. Obrigado pela maravilha de ser amigo, esta seara íntima que é também caule de pessegueiros em mim. Obrigado pela confiança que você permitiu que fosse desenvolvida entre nós, para que somente assim o *De mãos dadas* pudesse existir.

Eu agradeço à Ignez, em vida e em memória, em cena, afeto e saudade, como mãe do meu querido Cláudio e como protagonista deste livro. Obrigado por permitir que tenhamos sido leitores de suas histórias com ele, com você, com a vida e com a morte. Depois destes capítulos, você viverá em mim como um sorriso sereno que faz suspirar e esperançar.

Muito obrigado ao Fê, Felipe Brandão, nosso editor tão amado que caminhou no tempo e nas palavras, dando às nossas angústias o melhor lugar de amparo. Você é um ser humano que guarda aquele brilho especial da simplicidade, do compromisso com a escrita e com quem você convida para ser autor. Minhas palavras escritas sempre te agradecem em silêncio: entre um ponto e um parágrafo novo, ali está a alegria delas, de existirem porque você me conclama a ser ainda mais autor a cada dia.

Obrigado a cada pessoa da Editora Planeta, que sempre acolhe seus autores de maneira tão amorosa e lúcida. Sinto vocês também de mãos dadas, desde o primeiro contrato. Vida longa a esta nossa parceria, a esta nossa vontade de continuar a escrever linhas sobre o que atravessa a humanidade em nós.

E, por fim, um sempre imenso muito obrigado à minha família: Dany, Luã, Ravi e Gael, por serem a fonte inesgotável de abraços que nutrem os momentos em que eu me senti sem ter o que dizer. Todo autor tem seus silêncios aterradores, mas ao lado de vocês eu tenho o prazer de amar e ser amado. Em vocês o medo e a mudez se transmutam em confiança e vontade de dizer umas frases a mais, com a ponta dos dedos do meu coração.

— *Alexandre*

Leia também

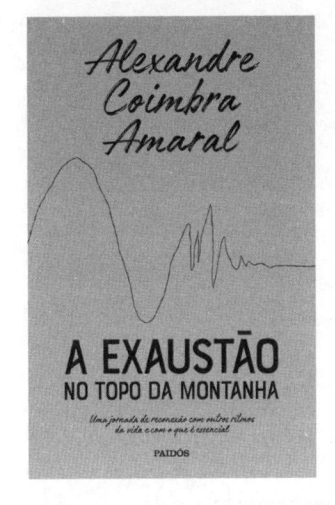

CLÁUDIO THEBAS
Ser Bom Não é ser Bonzinho

Coautor do best-seller *O palhaço e o psicanalista*

Como a comunicação não violenta e a arte do palhaço podem te ajudar a identificar e expressar as suas necessidades de maneira clara e autêntica – e evitar julgamentos, como o deste título

PAIDÓS

Christian Dunker · Cláudio Thebas
O PALHAÇO E O PSICANALISTA

COMO ESCUTAR OS OUTROS PODE TRANSFORMAR VIDAS

PAIDÓS

Alexandre Coimbra Amaral
A EXAUSTÃO NO TOPO DA MONTANHA

Uma jornada de reconexão com outros ritmos da vida e com o que é essencial

PAIDÓS

Alexandre Coimbra Amaral

PSICÓLOGO DO PROGRAMA ENCONTRO COM FÁTIMA BERNARDES

CARTAS DE UM TERAPEUTA PARA SEUS MOMENTOS DE CRISE

PAIDÓS

**Acreditamos
nos livros**

Este livro foi composto em Merriweather e impresso pela
Geográfica para a Editora Planeta do Brasil em maio de 2022.